U0870403

秦皇岛市高校竞技排球运动员功能性训练开展现状及其影响（课题编号：202101A222）

基于有效教学理论的高校体育教学研究

刘海洋　杨战广　杨少洁　著

中国商业出版社

图书在版编目（CIP）数据

基于有效教学理论的高校体育教学研究 / 刘海洋，杨战广，杨少洁著 . -- 北京：中国商业出版社，2022.8
ISBN 978-7-5208-2185-8

Ⅰ . ①基… Ⅱ . ①刘… ②杨… ③杨… Ⅲ . ①体育教学—教学研究—高等学校 Ⅳ . ① G807.4

中国版本图书馆 CIP 数据核字 (2022) 第 152379 号

责任编辑：陈　皓
策划编辑：常　松

中国商业出版社出版发行
（www.zgsycb.com 100053 北京广安门内报国寺 1 号）
总编室：010-63180647 编辑室：010-83114579
发行部：010-83120835/8286
新华书店经销
定州启航印刷有限公司印刷

*

710 毫米 ×1000 毫米 16 开 13.25 印张 220 千字
2022 年 8 月第 1 版 2023 年 1 月第 1 次印刷
定价：78.00 元

* * * *

前　言

高校体育教学是大学生以身体练习为主要手段，通过合理的体育教育和科学的体育锻炼过程，达到增强体质、增进健康和提高体育素养为主要目标的公共必修课程。高校体育教学是学校课程体系的重要组成部分，是高等学校体育工作的中心环节，是促进学生身心和谐发展、思想品德教育、文化科学教育、生活和体育技能教育与身体活动有机结合的教育过程，是实施素质教育和培养全面发展的人才的重要途径。

有效体育教学是在体育教学过程中符合体育教学规律的教学，是有效果、有效益、有效率的教学。在体育教学过程中，教师要充分考虑教与学的关系，通过学情分析，根据水平目标，结合教材的重点、难点，采用更为有效的教学手段，有针对性地选择教学方法以及组织形式，切实提升学生的身体素质，让学生为日后工作学习积累更多经验。

本书共分八章，其中东北石油大学秦皇岛校区刘海洋担任第一作者，负责撰写本书的第四章、第五章和第六章内容，共计 10.2 万字；郑州工商学院杨战广任第二作者，负责撰写本书的第三章、第七章、第八章内容，共计 6 万字；郑州工商学院杨少洁任第三作者，负责撰写本书的第一章和第二张的内容，共计 5.8 万字。从有效教学理论的视角出发，探讨了高校体育教学的诸多环节。第一章对有效教学理论的概念、特征、影响因素和发展趋势作了解读；第二章对体育教学的概念、性质、特点、功能、发展规律等作了介绍；第三至第八章阐述了基于有效教学理论的高校体育教学的相关概念，从高校体育课程教学资源的开发与利用、高校体育教学方法应用、高校体育教学模式探索、高校体育教学环境建设、高校体育教学评价等环节对高校体育教学进行了探讨。

本书适合高校体育教学相关工作者和研究者进行阅读和参考。由于作者水平有限，书中难免存在不足之处，恳望读者提出宝贵意见和建议。

目 录

第一章　有效教学理论的解读

第一节　有效教学理论的概念与特征

一、有效教学理论的概念

20 世纪上半叶，西方在教学科学化运动中对于教学效能核定的强调是有效教学这一理念的来源。早在 1974 年，邓金和彼德尔就率先提出了“有效教学”这一观点。有效教学是为了使学生的学习能够达到最佳预期效果而进行的教学活动。要想研究有效教学，首先应该弄清楚有效或有效性的概念。人们对“有效”有不同的理解，并且对“有效”的看法是不断进步的。其一，有效即有效果。教学是否有效就是看教学活动的结果是否促进学生的发展。其二，有效即有效率。教学是否有效就是看能否以尽可能少的教学投入获得尽可能多的教学产出，即教学效果。教学活动本身是一种精神性生产活动，沿用经济学概念，可将教学效率做如下表述：教学效率 = 教学产出（教学效果）/ 教学投入，或教学效率 = 有效教学时间 / 实际教学时间。其三，有效即有效益。教学是否有效不仅要看教学是否有效果、有效率，还要看教学效果（即实现的教学目标）与特定的社会和个人的教育需求是否相吻合及吻合的程度。其中，前两种含义是“有效性”的传统看法。但一个完整的“有效性”含义应该包含上述三重意蕴，这也就是现代的有效教学观。

那么，什么是有效教学呢？我国对有效教学的研究起步较晚，大致时间是在 20 世纪 80 年代，随着改革开放后的西方教学理论引入中国之后开始的。在理解西方学者有效教学概念的基础上，我国学者也对有效教学概念进行了研究，并提出了不同的观点。

（一）语义构成视角的界定

语义构成，即这个词或短语的字词结构含义构成。比如，“有效教学”是一个短语，它的语义是由“有效”和“教学”这两个词语或概念构成的。崔允漷教授是这样界定有效教学：所谓“有效”，主要是指通过一段时间的教学之后，学生所获得的具体的进步或发展。所谓“教学”，是指教师引起、维持或促进学生学习的所有行为。这种观点还认为，有效教学中的“效”主要指教学效益，有效教学是寻求教学效益的活动，有效教学研究的核心问题是如何提高教学效益。而学生有无进步或发展是衡量教学有没有效益的唯一指标。

姚利民博士也认为，揭示有效教学的内涵应紧扣“有效”和“教学”这两个概念。[①]一方面，从“教学”的内涵来看，有效教学是教师教的活动，即教学过程的有效性。教学过程有效性即指教学符合教学规律。另一方面，从“有效”的内涵来看，有效教学表现为教学有效果、有效益和有效率。所谓教学有效果，主要是指通过教师的教学之后，学生所获得的具体进步和发展。教学有效益指教学活动不但实现了教学活动的价值，达成了教学活动的目标，而且教学结果与预期教学目标、与社会和个人的教育需求一致或吻合。教学有效率是指在一定的教学投入内产生了尽可能大或多的教学产出。如果教学产生了所期望的结果，但相对于教学产出，即所产生的教学结果而言，所做的教学投入不相称，即较大的教学投入只获得了较少教学产出，那么这种教学就不是有效教学，因此在保证有效果、有效益的前提下，有效教学还必须做到有效率。

宋秋前教授在对姚利民等人有效教学的语义进行深化和具体化分析后，认为有效教学是师生遵循教学活动的客观规律，以最优的速度、效益和效率促进学生在知识与技能、过程与方法、情感态度与价值观“三维目标”方面获得整合、协调、可持续的进步和发展的实践活动。[②]

（二）理解层次视角的界定

龙宝新和陈晓端从逐步深入的表层、中层、深层三个视角来理解有效教

① 王景利．关于有效教学的几点思考 [J]. 金融理论与教学，2014（4）：81.

② 张典兵．高校有效教学的本质内涵与实践路向 [J]. 继续教育研究，2014（6）：138.

学。[①] 首先，从表层分析，有效教学是一种教学形态，它兼具一切“好教学”的品质特征。其次，从中层分析，有效教学是一种教学思维。它是为逼近“有效”的目标而对教学进行的科学控制与情感调适，是潜藏在“好教学”背后的教学逻辑。最后，从深层分析，有效教学是一种教学理想、境界。所谓“理想”“境界”就是追求的目标，其存在的意义是为现实教学产生一种动力、牵引、导向作用。具备了这些特点的课程就是“好课程”，具备了这些特点的教学就是“好教学”，即有效教学。综合上述三个层面看，有效教学应是一个动态的转化过程：把有效教学从有效的“理想”转化成有效的“思维”，再转变为有效的“状态”。这种观点视角很独特，它不同于以往的研究，没有专门对有效教学的概念进行剖析和解读，而是将有效教学看作形态、思维、理想三个层面动态转化的过程，是对有效教学含义的一种新认识。

（三）学习和发展视角的界定

这种观点认为，促进学生的学习和发展是有效教学的根本目的和唯一指标。高慎英和刘良华认为，凡是能够有效促进学生的发展，有效地实现预期的进行结果的教学活动都可以称为“有效教学”。[②] 陈厚德认为，促进学生的学习和发展是有效教学的根本目的，也是衡量教学有效性的唯一标准；激发和调动学生学习的主动性、积极性和自觉性是有效教学的出发点和基础；提供和创设适宜的教学条件，促进学生形成有效的学习是有效教学的实质和核心。[③]

（四）经济学视角的界定

经济学重视从经济效益视角看有效教学。例如，姚利民认为，有效教学是在一定的教学投入（时间、精力、努力）内带来最好教学效果的教学，是卓有成效的教学。[④] 程红和张天宝认为，有效教学是指教师遵循教学活动的

---

① 龙宝新，陈晓端 . 有效教学的概念重构和理论思考 [J]. 湖南师范大学教育科学学报，2005（4）：39—43.

② 张肇丰 . 促进课堂有效互动——第三届有效教学理论与实践研讨会综述 [J]. 上海教育科研，2009（3）：7.

③ 杜惠蓉 . 新课程条件下有效教学的策略探讨 [J]. 达县师范高等专科学校学报，2004（6）：70—72.

④ 关文信 . 有效教学内涵探析 [J]. 沈阳师范大学学报（社会科学版），2005（6）：11.

客观规律，以尽可能少的时间、精力和物力投入取得尽可能好的教学效果，从而实现特定的教学目标，满足个人和社会的教育价值需求而组织实施的活动。①

（五）有效无效视角的界定

另外，还可以从有效、无效的角度来理解有效教学。从教师的角度来讲，有效的教指的是促进学生学的教，它表现在以下两个方面：一是直接促进，即通过教师的教，学生学得更多、更快、更好；二是间接促进，即通过教师的教，学生学会了学习，掌握了学习方法，提升了学习能力，达到了不需要教的教学。直接促进是立竿见影的，能够即时显现的；间接促进是着眼于长远的，也是长效的。这两种效果都是有效教学的体现，要同时兼顾。

无效的教指的是阻碍学生学的教，它也有两种表现：在显性方面，教师不得要领、冷漠无情、枯燥乏味的教会使学生大倒胃口，从而失去学的兴趣和热情；在隐性方面，无效的教指教师照本宣科地讲授学生自己通过阅读便能看懂的课本知识，这种教剥夺了学生学的机会，从而阻碍了学生学习能力和学习积极性的发展。

有效的教带来学生有效的学，无效的教带来学生无效的学。因此，简言之，有效教学就是通过有效的教带来有效的学，并最终达到不需要教，自己就能有效的学的教学。

二、有效教学理论的特征

（一）教学目的明确、讲解清晰

教学是知识的传授过程，其目的是使学生清楚地掌握概念、原理、理论和方法等，增长知识，发展能力。清楚地讲授教学内容，从而使学生达到正确的理解和真正的掌握，是有效教学的最重要特征。其要求如下：①教师的教学目的明确，提出了明确的学习任务和要求，在学习中，学生知道自己应该掌握的内容和学习的重点、难点；②教学内容的讲授系统而有条理。这种系统而有条理的讲授有利于学生形成知识之间的逻辑联系，获得结构化的知识；概念、命题、理论、原理的阐述简明、准确而不含糊，使学生易于透彻

---

① 程红，张天宝．论教学的有效性及其提高策略 [J]. 江西教育科研，1998（5）：3.

地理解和正确地掌握；③任何教学内容都是通过一定的教学思维进行传授和学习的。同样的教学内容以不同的教学思维进行教学，其效果是不一样的。如果教师的教学思维清晰、结构合理、辩证全面，则教学有效性就高，反之就会下降。现实教学效果不理想的原因是教学思维方式的单向性和片面性，重逻辑思维轻直觉思维，重演绎思维轻逻辑归纳，缺乏清晰、合理和平衡的结构。因此，教师在讲授时要注重思维的逻辑性、表述的条理性，从而对学生的逻辑思维能力产生积极的影响。教师要想在教学中做到清楚明了，就必须努力学习，拓宽、加深自己所教学科的知识。另外，有些教师虽然了解、通晓自己所教的学科，但在教学时仍不能清楚明了，好像有货倒不出，这时他们就必须培养自己的教学表达能力。

（二）教学准备充分、组织科学

教学是有目的、有计划的活动，不是即席演讲，不能靠临场发挥，因而有效教学要以充分的准备和科学而合理的组织为条件。充分的准备指教师为确保一门课程或一堂课有计划地进行而筹划的教学活动。要求教师在研究一门课或一堂课教学内容的特点和学生实际的基础上，明确教学的目的、目标、重点和难点，筹划开展有效教学的具体方式，如课的结构、采取的教学方法、师生的相互作用，设想教学中可能出现的问题以及相应的对策。一个成功的教师从来不打无准备之仗，而是花大量时间做教学准备，一堂课的准备时间可能是课堂教学时间的几倍甚至十几倍。

教学组织与教学准备是紧密相连的。教学活动是根据确定的教学计划来进行的。如果教师对于一堂课的教学目标、教学内容、教学方式以及其他所有教学材料都准备得比较充分，但缺乏组织或不善于组织，也难以取得理想的教学效果。因此，教师不仅要有充分的教学准备，还要善于科学合理地组织教学。科学合理的教学组织是教学有效性的重要条件和表征，这是因为科学合理地组织教学活动可使课堂教学井然有序，减少教师用于课堂管理上的时间和精力，降低干扰学习的活动，使学生专注于教学内容的学习，提高课堂教学时间的利用率，更好地保证教学任务的完成。从教学过程来看，科学合理的教学组织表现在以下几方面：教师在开始上课时，能够立即稳定学生的情绪，引导他们做好上课的物质准备和心理准备，随即积极投入学习活动；然后，按照预定教学进程安排好教学活动。例如，在上课之初，教师就说明教学的目标和任务，在教学中，适时开展讲授、练习、提问、讨论等环节，在上课结束时，进行小结等。

虽然教学需要按事先准备的教学计划或方案进行，但教学是动态的活动，因此更需要教师根据教学内容、教学对象和教学环境灵活地开展教学。特别是要注意有效处理课堂管理方面的问题，使教学按照教学计划设定的方向顺利正常地进行。

（三）教学关注学生、注重激励

从很大程度上说，教学效果的好坏取决于教师能否在了解学生的基础上进行因材施教，调动学生学习的积极性，促使他们主动参与教学活动。因此，有效教学要关注学生并激励学生学习。

（1）教师在教学中总是爱学生的，教师对学生的爱不仅有利于学生智力的发展和良好心理品质的形成，还有利于激发学生对教师的爱。只有教师和学生真诚地相互关爱，师生关系才能更好地发展。著名的“皮格马利翁效应”告诉我们，期待会给期待对象带来质的变化，即出现期待的结果。因此，教师应对每个学生抱有期望，主动与每个学生接触，更多地关注学生，关心学生的身体和心理，为学生的发展创造良好的条件。

（2）教师在教学中注重研究学生，遵循学生的身心发展规律和性格特点，考虑学生的兴趣爱好，尊重学生的主体地位，善于和学生交朋友，了解学生的知识基础和背景，了解学生的学习需求，努力使教学与学生的实际结合；他们了解学生间的差异，对不同学生进行区别对待，做到因材施教，让每个学生都能从教学中获益。

（3）教师在教学中注意与学生沟通，进行师生间的平等对话与交流，从对话与交流中了解学生对教学的要求，虚心倾听学生对教学的建议，有针对性地改进教学。学生对教师对待自己和其他学生的态度是很敏感的。学生会因教师对自己的不公平待遇而对教师产生反感态度，并进而影响师生关系的发展。赞科夫曾指出：“孩子们受到不公平的待遇，特别是这种待遇来自一个自己亲近的人的时候，他的痛苦心情会在其心灵上留下一个长久的痕迹。”① 因此，教师应不以学生的家庭条件、外貌特征、成绩状况、性格特点等而不公平地对待学生。

① 张家军，马吉宏．论和谐师生关系的含义、特点及建构 [J]. 天津市教科院学报，2007（1）：5.

（4）教师在教学中重视师生间在教学中的合作，鼓励学生参与教学活动，给予学生进行学习抉择的自由和权利，发挥学生学习的主动性和积极性。

（四）教学促进发展、提高素质

通过教学，学生可以得到发展、提高素质，这是最高层次的教学目标。学生要想成为高质量的高级专门人才，学校就要培养他们全面发展的能力，这就要求教学努力促进学生进步发展，提高素质。因此，促进学生进步发展，提高学生素质是有效教学的又一重要特征。促使学生进步发展、提高学生素质的教学要做到：

（1）“教是为了不教。”教学要教给学生自己获取知识和技能、适应社会的方法和策略，要培养学生独立学习的意识和能力，善于在终身教育的学习化社会中发现知识信息的价值或作用，找到获取知识信息的途径和方法。此外，教师也应努力提高自己的素质。教师能力素质的高低是师生能否建立起和谐师生关系的关键。在道德方面，提高自己的道德品质，注意自己的言行要符合道德标准，做到为人师表。在个性方面，需要做到开朗大方、和蔼可亲、严于律己、宽以待人等。

（2）教学要引发学生的问题意识，提高其对问题的敏感性，告诉学生带着问题学习，带着问题研究，善于提出和发现问题，增强学生的问题意识，培养学生不断探究问题的能力。

（3）教学要重视思维的培养，通过设置悬念、引发思考、造成认知冲突、刺激想象、介绍思维方法和策略等，培养学生的思维能力，特别是创造性思维能力。

（4）教学要注重方法论教学，介绍科学家在研究探讨问题时的方法和方法论，使学生意识到方法和方法论在学术学习与研究、解决实际问题中的重要作用，从而重视方法和方法论的学习，接受科学研究训练，具备研究能力。

（5）教学既要使学生掌握科学技术，具有科学素质，又要让他们受到人文熏陶，具有人文精神和人文素养，有社会责任感，形成民主、诚信、公正、平等、可持续发展等观念，讲究科学道德，了解科学伦理，善于用科学技术造福人类。课堂教学不只是实现教学任务，达成教学目标的过程，而且更应是师生共同成长的过程。事实上，也只有运用这样的教学，学生的知识与技能、过程与方法、情感态度与价值观才能得到全面发展，只有运用这样的教学才是真正有效的教学。

课堂教学应该关注正在生长、成长中的学生的整个生命。从生命的视野来看，每一节课都是不可重复的激情与智慧综合生成的过程。有效教学的最终目的是促进学生的发展。对人性的关注和对学生生命的关照不是靠说教体现的，而是体现在整个教学过程中。首先，在教学准备阶段，教师要掌握学生的认知准备和情感准备的状况，这就是对学生的一种尊重；在教学实施阶段，教师创设一种自然、和谐的教学氛围也是一种对生命的尊重，课堂上教师认真倾听、热情鼓励、友善指正，学生虚心听讲、积极参与、主动探究是互相尊重、共同促进的生命过程。其次，在学习过程中，师生与教材的对话，同伴间的沟通和交流，学生与自己内心世界的对话都是生命的彰显。最后，在教学评价阶段，教师对学生的肯定和鼓励，学生对自己的自我认识和对同伴的积极评价也都是生命的体现。

第二节　有效教学理论的影响因素

有效教学的影响因素是指影响教学活动进行并促成教学达到取得预期教学效果的因素。教学是在一定的教学环境下，教师通过教学、学生通过学习而掌握教学内容、完成教学任务的过程。从广义上说，教学过程中的所有因素，如教学环境、教师、学生、教学内容等都影响教学的效果。鉴于教学效果的有无、好坏以及效率高低是从学生学习进步和发展快慢来衡量的，后者又是学生在教师教学影响下学习的结果，因此可以说，教师的教学在一定程度上左右、干预学生的学习，进而决定学习结果（或者说教学效果）。根据本书的目的，以下主要探讨影响有效教学的教师因素。具体而言，主要探讨影响教师教学有效性进而影响学习有效性的教师因素，其包括教师的教学观念、教育知识、教学责任意识、教学效能感、教学能力、教学机智等。

一、教学观念

教学观念是教师对教学要追求什么样的理想目标和为什么要追求这样的目标的认识。就有效教学而言，是对什么是有效教学的认识和对为什么要有效教学的认识，它是教师对教学的一种主观期望和价值判断，是教学开展的指导思想，对教学起导向作用，支配教师的教学行为。就对有效教学的认识而言，就是要有为理想教学结果、和高效率教学而教的观念，认识到教学投入和教学产出的关系，追求教学的经济性、高效性，力求用最少的教学时间、最少的教学精力，而达到的最优效果与最高效率；就是要有科学教学的观念，认识到科学性、合理性既是教学必须遵循的要求，又是达到有效教学的可靠保证，也是实现高效率教学的前提条件。在社会生活中，人们只要在意识到值得去做某事时，他们就会热心地去做那件事。同理，教师只有意识到有效教学是有意义的、有价值的，他们才会做出有效的教学行为；相反，如果他们认为有效教学毫无意义，不值得去追求，那么，他们就不会努力去开展有效教学。教师对有效教学意义或价值的认识，首先源于他们认识到教师的教学投入总是有限的，而教学要取得的效果应尽可能是最大的，使有限的教学投入产出尽可能大的教学效果，可以实现教师的价值，体现教师的才能；其次源于他们认识到学生的学习时间是有限的，而学习需求是无限的，通过有效教学，使学生在有限的学习时间里学习得尽可能多，满足学生的学习需求，是教师对学生生命的关怀、利益的关注和需求的满足；最后源于教师认识到卓有成效的教学、提高教学质量既是国际教育竞争的焦点，也是社会向他们提出的要求。

二、教育知识

心理学家发现，知识在专业工作绩效中起核心作用。教学是一种专业性很强的工作，显然，有效教学需要教师的教育知识。教师的教育知识是其开展教学的基础，也是其有效教学的基础。教师的教育知识是教师在教学实践中所获得的认识和经验的总和，是其学习、总结的产物。这种知识可以分为公共知识和个人知识，前者是教师可学可用的教育资源，后者是教师学习、获得的公共知识。也有学者认为，教师的知识可以分为学科内容知识、一般教育学知识和教学法内容知识。事实上，教师的知识即是教师的个人知识。在此根据这种分类，试分述它们对有效教学的影响。

（1）学科内容知识。学科内容知识包括学科的实质结构的知识和学科的句法结构的知识。前者即教师拥有的所教学科的事实、概念、术语、定理的知识，这些事实、概念、术语、定理如何相互关联、构成一个整体的知识；后者即教师拥有的学科内容表述方式的知识。教师只有拥有学科内容知识，在教学中才能科学地讲授概念、术语、事实、定理等具体知识，才能告知并让学生了解学科知识的结构以及学科中知识点的逻辑关系，也才能以学生可以领会、掌握的句法结构或表述方式教授知识，从而加深学生的理解，促使学生更准确、更透彻地掌握知识。相反，教师缺乏学科专业知识，则难以有效教学。例如，卡尔森对四个初为人师的生物教师的课堂教学情况进行了研究，发现教师在教自己比较生疏的章节时往往是布置非实验性的作业。① 古德指出，当教师向学生教授自己没有把握的课程时，他们会根据教材照本宣科，安排学生做填空练习，并通过做多项选择题来评价学生的学习。②

（2）一般教育学知识。这是教师拥有的、适用于所有学科教学的普遍性的教学理论和教学法知识，包括两大类：一是“是什么”的教育学知识，如关于学习者的特点、学习的目标、学习者在学习中的作用的知识，关于学习的本质、学习的目标、学习的机制的知识，关于教学的作用、教学达到有效的条件的知识，关于教学策略的知识；二是“怎么办”的教育学知识，如教师在教学中怎样运用教学策略才能使学生学好的知识。拥有一般教育学知识，有助于教师在教学中遵循教育教学原理，并采取适当的教学策略。

（3）教学法内容知识。这是教师在融合、综合学科内容知识和一般教育学知识基础上形成的教授特定学科的知识，也有两类：一是“是什么”的知识，如特定学科学生学习的难点、教学的目标、教学的重点等知识，特定学科教学的方法和策略的知识；二是“怎么办”的知识，如特定学科怎样运用教学策略才会取得更好效果的知识。教学法内容知识帮助教师在特定学科的教学中实现有效教学。总之，这三类知识为教师有效教学所必需的知识。教师要想实现有效教学，就必须努力掌握这三类知识。

---

① 姜劲松. 高中田径有效教学的几点实践和提示 [J]. 田径，2020（12）：6–7.

② 姚利民，綦珊珊. 教学学术型大学教师特征论 [J]. 湖南大学学报（社会科学版），2007（5）：113.

三、教学责任意识

责任意识即人们对分内应做之事应做好的认知和觉察。教学责任意识是教师对分内应做的教学工作应做好的认知和觉察，它体现了教师的教学责任感，既是教师做好教学工作的强烈愿望，也是他们对觉得这值得做、是自己的义务的心理认可。教师的教学责任意识首先来源于教师把教学视为自己的天职，意识到国家、社会以及家长和学生赋予他们通过教学培养人才，为国家和社会服务的责任，他们没有理由不通过有效教学，承担起社会责任，履行自己的义务。其次，教师的教学责任意识源于教师对自己角色的认识，他们接受过教育教学的专门训练，具有教学所需的专业知识和技能，只有有效教学，才可称为教师，才符合人们对教师这一角色的期望。最后，教师的教学责任意识源于他们知晓自己在教学过程中所处的特殊地位和应该发挥的作用，他们作为学生学习的始动者、促进者，只有有效地引起、维持、推动、指导、帮助学生学习，才能使学生掌握教学内容，取得学习进步。教师的教学责任意识对教师的有效教学行为起定向作用，它成为教师有效教学的推动力，是教师永远追求教学有效的力量源泉。第一，它使教师在教学中充满热情，热爱学生，热爱所教学科，热爱教学，全身心地投入教学，努力追求有效教学；第二，它促使教师不断学习、丰富、运用、教学的知识和教学能力，具备成为有效教学教师的条件；第三，它促使教师创新教学方法，在教学中发挥创造性，展现教学机智。

四、教学效能感

效能是个体对通过个人的努力所能获得结果的预期。教学效能感是教师对自己能够完成教学任务的信心，是对其能有效地做好工作和实现教学目标的信念，是对其能影响学生学习行为和学习成绩的能力的知觉。弗鲁姆的期望理论认为，一种行为倾向的强度取决于这种结果对行为者的吸引力和行为者对这种行为可能带来的结果的期望强度。[①] 也即个体从事某种行为的力量决定于个体对这种行为结果价值的认识和个体对这一结果实现可能性的估计。教师认识到有效教学是有价值的、有意义的，并且他们相信自己能有效

---

① 林燕芳，王占军．大学教师实现“卓越教学”的动力机制探寻——基于期望价值理论的视角 [J]. 山东高等教育，2019，7（5）：63.

教学，就会表现出追求教学有效的教学行为，去实现有效教学。就有效教学对教师的吸引力或价值而言，前文已述及；期望强度或对实现可能性的估计即教师对自己进行有效教学，实现教学目标能力的自信，即教学效能感。显然，教学效能感具有激励作用，它促使教师努力教学，实现教学目标。

具体而言，教师的教学效能感对教师的有效教学行为具有以下方面的作用。首先，影响教师在教学中的情绪。如果教师的教学效能感高，他们会对自己有效教学的能力充满自信，在教学中信心百倍，精神饱满，心情愉悦，表现出极大的教学热情。可以想象，在这种积极的情绪状态下，教师的教学思维活动将更加积极、有效，教学才能将得到最大限度的发挥，从而促进有效教学。其次，影响教师在教学中的努力程度。如果教师的教学效能感高，他们会相信自己的教学活动能影响学生的学习行为和学业成绩，能左右教学效果，因而会投入足够的精力去努力工作，并克服教学中遇到的困难。再次，影响教师对教学成效的归因。如果教师的教学效能感高，他们会把教学成败的原因都归咎于教师方面，如果教学成功了，他们会继续努力；如果教学失败了，他们会认为是自己教学不当和努力不够，而不是自己不具备这方面的能力，因此他们会认真总结经验，吸取教训，积极寻求正确的教学方法或策略，并更努力一些。在这两种情况下，教师改进教学的积极性都提高了。最后，影响教师在教学中的创新行为。如果教师的教学效能感高，他们会确信自己能影响教学效果，教学中的创新自然会对教学效果产生意想不到的作用，因此，他们在教学中会倾向于进行创新，并表现出足够的教学机智。

五、教学能力

教学能力是教师为达到教学目标、顺利从事教学活动所表现出的一种心理特征。教学能力对有效教学的影响是通过有效地认知教学、进行教学实践和监控教学活动等实现的。教学能力可以分为普通或一般教学能力与特殊或具体学科的教学能力，前者指超越所有学科、在任何学科教学中都需要的教学能力，后者指教师在教授某一具体学科中所表现出来的能力，如语文教学能力、数学教学能力、物理教学能力等。这两者又可以再进一步分为三种，即教学认知能力、教学操作能力和教学监控能力。

（1）教学认知能力主要是指教师对教学目标、教学任务、学习者特点、教学方法与策略以及教学情境的分析判断能力，主要表现为分析、掌握教学大纲的能力，分析、处理教材的能力，教学设计的能力，对学生学习准备性与个性特点的了解、判断能力，制订教学计划的能力。它是教学能力的基础，直接影响教师教学准备的水平，影响到教学方案设计的质量。

（2）教学操作能力主要是指教师在实现教学目标过程中解决教学问题的能力。从教学操作的手段（或方式）看，主要表现为教师的言语和非言语表达的能力，选择和运用教学媒体的能力，选择和运用教学策略的能力；从教学操作的内容看，主要表现为呈现教材的能力、课堂管理能力、教学评价能力。它是教学能力的外在表现形式，直接作用于学生，影响教学实施的效果。

（3）教学监控能力是指教师为了保证教学的成功，达到预期的教学目标，而在教学的全过程中，将教学活动本身作为意识的对象，不断对其进行积极主动的计划、检查、评价、反馈、控制和调节的能力，是教师对教学活动的科学性的觉察、反思和有意识调控，以确保教学活动的有效性。主要表现为教师为达到教学目标，对教学活动的预先计划和安排；教师根据教学科学性、有效性的标准对自己的实际教学活动进行有意识的监察、评价和反馈，了解教学中的优势和问题；教师对自己的教学活动进行校正、调节和有意识的自我控制，避免、纠正教学中的问题，发扬教学中的优势，不断逼近有效教学。教学监控的出发点和目的是尽可能使教学过程最优化，使教学科学而有效。教学监控能力是教学能力诸成分中的最高级的成分，不仅是教学活动的控制执行者，还是教学能力发展的内在机制。

教学能力也可以分为对外操作能力和对内调控能力。前者如一般教学能力和学科教学能力中的教学操作能力，它们是外显的，可以观察的，并为学生所感知，直接作用于学生，影响学生的学习行为和学习效果；后者如一般教学能力和学科教学能力中的教学监控能力，它是内隐的，是教师在教学中表现出来的内部认知操作，直接调控、影响对外操作能力的科学性、有效性，从而保证教学活动的有效性。不难看出，一方面，不同的教学能力在不同的层面通过不同的途径影响教学活动的有效性。例如，一般教学能力影响所有学科教学活动的有效性，具体学科教学能力影响具体学科教学活动的效果，教学监控能力影响整个教学活动的有效性。另一方面，不同的教学能力也是相互关联的。例如，教学认知能力、教学操作能力直接相关，学科教学能力与一般教学能力联系在一起，并受其影响，教学监控能力直接影响教学认知能力与教学操作能力，并通过后者表现出来。

六、教学机智

机智是指“瞬间知道该怎么做，一种与他人相处的临场智慧与才艺”[①]。教学机智是教师面临复杂教学情况时所表现的一种敏感、迅速、准确的判断能力，是根据教学情境变化创造性地进行教学的才能，是教师面对突变的教学情境所表现出的敏捷、果断、准确判断和恰到好处的处理的一种教学技术，是教师所具有的，在复杂微妙的教学情境中迅速且恰当地行动的能力。教学是复杂的、变化的、多样性的活动，这既是由教学对象——学生的复杂性、教学内容的丰富性决定的，也是由学生、教师在教学活动中的不断变化性决定的，还是由学生需求与问题的多样性、教学情境的多样性、教学方法和学习方法的多样性决定的。显然，靠教师机械地、僵化地凭借教学观念、教学责任知识、教学效能感、教育知识和教学能力去实施教学是很难使教学卓有成效的。面对复杂、变化、多样的教学情境，教师必须表现出教学机智。

教学机智是教师的教育知识、教学能力在教学中的具体运用和展现，是教师教学灵活性、创造性的体现。同时，教师的教学智慧又与他们的思维的流畅性、变通性、独创性，即思维的创造性和教学实践经验的丰富性紧密联系在一起的。这种教学机智通过准确认知、判断、反应和快速认知、判断、反应体现出来，并影响有效教学。先言准确认知、判断和反应。面对复杂、变化、多样的教学情境，教师首先要准确作出判断，恰到好处地作出反应。例如，准确判断教学陷入的困境、学生的学习积极性状况等，并采取正确的方法摆脱教学困境，激发学生的动机，促使学生参与。准确能保证教学活动产生理想结果，从而使教学成功。次说快速认知、判断和反应。面对复杂、变化、多样的教学情境，教师要快速地对这种情境认知、分析，作出判断。例如，明了学生的学习需求、学习中存在的问题、教学内容的难点和重点，并根据这种判断，思考、选择教学的方式、方法和策略，对教学情境迅速作出反应。快速可以减少教学中的时间延误，提高单位时间内的教学效益，使教学达到高效率。准确和快速认知、判断、反应是教学机智相互依存的两个重要方面，二者缺一不可，准确是教学机智的首要要求，也是教学活动有效性的前提；快速是教学机智的时间要求，是教学有效性的效率指标。准确是基础，在此基础上要迈向快速。缺乏准确的教学机智会欲速则不达，不可能

① 薛文平．教学机智——教学艺术的最高境界[J].教学与管理，2003（22）：51–52.

达到理想的教学效果；没有快速的教学机智就会以贻误或牺牲教师和学生的时间为代价，自然也不属有效教学的范畴。

综上所述，有效教学的影响因素是多样的，但教师是一个重要的因素，教师对教学影响是通过他们的教学行为实现的，而影响教师教学行为的教师因素包括教师的教学观念、教育知识、教学责任意识、教学效能感、教学能力和教学机智。其中，教育知识是教学行为的基础，教学观念指导教学行为，教学责任意识是教学行为的推动力，教学效能感对教学行为有激励作用，教学行为外化了教学能力和展现了教学机智，教学能力中的教学监控能力对教学行为进行自我监控，所有这些因素对教师的教学行为和有效教学产生整体的影响。

第三节　新时代有效教学理论的发展趋势

进入新时代，在推进有效教学研究过程中，面临着如何适应时代、继承传统、基于实践进行创新发展的迫切问题。首先，有效教学研究必须在总体上适应新时代要求，认真学习习近平新时代中国特色社会主义思想，贯彻党的十九大提出的基础教育改革发展目标。具体而言，就是要结合国家教育机制改革的新进展，关注信息化、人工智能等新技术变革和学习科学等新兴科学发展及其给教育教学带来的影响。其次，有效教学研究还要从本土实际出发，坚持文化自信，坚持扎根中国大地办教育，继承发展中华优秀传统教育思想。最后，有效教学研究一定要基于实践。这里的“实践”不是指从传统教育学方法论上理解的那种抽象的封闭的静态的教学过程和范畴，而是指在整个中国社会与教育历史性变革进程中具体到学校和教师自觉主动进行的鲜活的教学改革创新实践。系统设计和进行这样的实践探索应该是有效教学的主要研究路线与方法。只有整体把握上述三个要点，实现时代的、文化的、实践的自觉，才能推动有效教学理论创新发展，引领有效教学实践不断深入，努力形成新时代具有中国特色、符合科学规律、充满教育智慧的有效教学理论与实践。

一、以公平质量为有效教学改革愿景

2017 年 10 月，党的十九大报告指出："建设教育强国是中华民族伟大复兴的基础工程，必须把教育事业放在优先位置，深化教育改革，加快教育现代化，办好人民满意的教育。"基础教育发展要："推动城乡义务教育一体化发展，高度重视农村义务教育，办好学前教育、特殊教育和网络教育，普及高中阶段教育，努力让每个孩子都能享有公平而有质量的教育。"这是新时代我国基础教育发展的整体目标，当然也应该成为新时代有效教学研究的改革愿景。

"努力让每个孩子都能享有公平而有质量的教育"，体现了中华优秀传统价值观、现代民主主义教育价值观和社会主义核心价值观，是中华民族全面建成小康、走向伟大复兴对基础教育的根本要求。《礼记・礼运》中记载："大道之行也，天下为公。选贤与能，讲信修睦，故人不独亲其亲，不独子其子，使老有所终，壮有所用，幼有所长，矜寡孤独废疾者，皆有所养。"可见，中华民族自上古夏、商、周起，就形成了"为公""大同"的优秀价值观，只是在当时的奴隶社会和后来的封建社会以至半殖民地半封建社会，都不可能实现古代圣贤的这一价值理想。

在当今基础教育改革发展中，有些人往往把教育公平与教育质量、教育效率对立起来，认为少数学生的成绩上去了，考了高分，得了奖，进了名校，就是"优质教育"，就是"有效教学"。对此，顾明远说得好："教育公平与英才教育应是矛盾的统一。"① 他认为，人的天赋是有差异的，教育应该因材施教，要及早发现天赋聪颖的孩子，并加以培养，但天赋的差异也可以经过教育和个人的努力来弥补；另外，人的天赋也不一定在幼年就能显现出来，天才是要在教育普及中脱颖而出的。至于利用某些暂时的有利条件抢占教育资源，或者把逼出来的孩子成绩和特长作为择校和将来就业的"敲门砖"，那更是不可取的。

新时代有效教学研究务必要贯彻习近平总书记在全国教育大会上提出的"坚持以人民为中心发展教育"的思想，突破陈旧的教育观念和狭隘的利益藩篱，实行教育公平、教育普惠与教育质量、教育效益的辩证统一，把"努

① 顾明远．再论教育本质和教育价值观——纪念改革开放 40 周年 [J]. 教育研究，2018（5）：44.

力让每个孩子都能享有公平而有质量的教育”作为新时代有效教学研究共同的改革愿景和基本的衡量标准，作为这一项目参与者的共同教育情怀和基本的行为准则，力求使之切实贯彻体现在区域与学校对这一项目的设计、实施、评估等各方面和全过程中，贯彻体现在广大教师的教育教学实践和全体学生的学习成长实效中，并且使其育人效益得到社会大众特别是普通老百姓的认可。这也是新时代我国社会发展和人民生活对基础教育改革发展的必然要求。

二、以立德树人为有效教学本质内涵

“有效教学”在不同的时代和不同性质的教育中具有不同的内涵，其最根本的是对“有效”的理解和把握。教学追求什么样的才是“有效”教学的效果、效益究竟是指什么？这关乎有效教学的价值取向和本质内涵。新时代有效教学的价值取向和本质内涵，概括地说就是“立德树人”。

立德树人是习近平新时代中国特色社会主义思想的重要观点。在党的十九大报告中，习近平总书记指出：“要全面贯彻党的教育方针，落实立德树人根本任务，发展素质教育，推进教育公平，培养德智体美全面发展的社会主义建设者和接班人。”在 2018 年 5 月 2 日北京大学师生座谈会上，习近平总书记进一步指出：“人才培养一定是育人和育才相统一的过程，而育人是本。人无德不立，育人的根本在于立德。”在 2018 年 9 月 10 日召开的全国教育大会上，习近平总书记又更加明确地指出：“要把立德树人融入思想道德教育、文化知识教育、社会实践教育各环节，贯穿基础教育、职业教育、高等教育各领域，学科体系、教学体系、教材体系、管理体系要围绕这个目标来设计，教师要围绕这个目标来教，学生要围绕这个目标来学。”立德树人的重要思想为新时代我国教育改革发展指明了根本方向和任务，也为新时代有效教学研究指明了根本方向和任务。

遵循习近平总书记关于教育工作重要论述，吸取教育改革基本经验，以立德树人为有效教学本质内涵，就是要把立德树人作为“新时代有效教学研究”的根本目标，并且使之内在地融入、扎根、贯穿、落实在有效教学的各项研究任务与实践措施中。

（一）教学起点：注重学生研究

贯彻立德树人的思想体现在作为教学起点的教师的研修和备课中，就是要由以往单纯地看教材教参、备教法答案，转向自觉地坚持育人为本、以德育人，将课程教材教法的研究与学生学习成长的研究相结合。尤其是要面向全体学生，注重关怀学生成长，探索学习规律，把握学情变化。不但要了解学生相关的学科知识基础，而且要尊重并研究作为完整生命个体和现实环境中成长的每个学生，熟悉学生个体的身心和人格发展特点，了解学生个体的不同学习经历、兴趣、态度、方法、习惯，以及家庭教养和父母的价值观等状况。以此为前提、为起点、为基础，进行育人为本、科学有效的教学设计、实施、调控和评价。

（二）教学目标：聚焦核心素养

根据“中国学生发展素养研究课题组”2017年1月发布的《中国学生发展核心素养研究报告》，核心素养是指学生应具备的能够适应终身发展和社会发展需要的必备品格和关键能力。核心素养是人能养成其他品格的基本品格，能形成其他能力的关键能力。这当然应该为有效教学目标所聚焦。就是说，有效教学目标不能局限在某个知识点或某项技能上，更应集中指向在课程教材和教学过程中蕴含的更为基本的品格和更为关键的能力，并且由此使每个学生真正有效地获取和掌握那些应有的具体知识和技能，包括在不断改革的考试中真实有效地得到那些必要的成绩，也即叶圣陶所说的“真正有生命的五分”，真正有生命自觉、生命投入、生命成长的“分数”，从根本上提高教学质量。

核心素养是立德树人的本质内涵在学生发展与培养目标上的具体体现，是做人做事的基本品格和关键能力的辩证统一。教育部的研究报告为学生核心素养培养提供了基本理论框架，但由于它的全面性、普遍性、综合性、一般性，具有指导作用，而又不能简单、直接地照搬到特定学段学校学科的具体教学目标中。

立德树人体现在有效教学的具体目标上，就是要求学校和教师在引导学生进行学科（课程）学习的过程中，不仅关注学生对具体知识、技能的掌握，还要透视和聚焦蕴含其中（包括学习过程中）的学生核心素养发展，研究和培养与特定学科（课程）教学相关联的学生做人做事的基本品格和关键能力（在基础教育阶段往往显著体现于学生在德、智、体、美、劳各方面的良好习惯上），并且据以构建教学评价标准和机制，从而有效地发挥各学科（课程）教学在落实立德树人中的系统功能和独特效应。

（三）教学内容：优化课程教材

有效教学不仅仅是教学方法的问题，在一定意义上说，教学内容的有效是更为重要的，也是教学方法有效的先决条件。并且，教学内容既要围绕教学目标来选择和构成，又是提出和表达教学目标的基础。在学校教学中，教学内容的主要来源和载体就是教材。课程教材是有效教学的重要凭借。各科课程教材往往具有独特而丰富、深刻的立德树人教育内涵和资源，思想政治存在于各种功课和各种课外活动之中，但在实际教学中由于只注重知识、技能的传授和训练，而得不到应有的开发和利用。

以立德树人为本质内涵的有效教学必须从学生学习成长的需要和实际出发，深入研究课程教材，准确把握其中对学生来说最必要、最基本的东西，加以优化组织，增强教学本身的道德性，既减轻学生课业负担，又能让学生抓住精要的东西，扎扎实实地进行学习和实践，并且学会举一反三，培养自己寻求知识和解决问题的关键能力。尤其是要深入研究课程教材，系统挖掘其中深刻的政治思想道德、优秀传统文化等教育内涵和资源，开发和构建更具育人价值的学科教学内容，从而让学生在学习实践中养成做人所必需的良好思想品德，真正实现教学立德树人的有效性。

（四）教学方式：引导自主学习

教学方式作为教师进行实际教学活动的基本方法和形式，是在教学过程中落实教学目标、实现育人效益的关键环节。教学方式通过对学生学习方式，即学生作为学习者的生存方式的引导和示范，不仅直接影响学生学科知识、技能的获取和学习能力的发展，还会潜移默化地对学生整个人格的成长起到重要作用。

以立德树人为本质内涵的有效教学，在教学方式上，必须尊重学生的主体地位，注重学生的人格成长。在整个教学过程中，教师要实行引导学生自主学习的原则。引导学生自主学习，围绕聚焦核心素养的教学目标，凭借优化课程教材的教学内容，在教学过程中着力激发学生内在的学习动力，指点学生适合的学习方法，引导每个学生养成自主的健康人格和良好的学习习惯，是落实立德树人、提高教育质量的教学规律和有效路径。

引导学生自主学习作为基本的教学方式，需要根据一定的教学情境与不同的学生的不同特点，创造和采用多种多样有效的导学教学方法和师生活动形式，并且适当结合信息化、人工智能等新技术应用，吸取学习科学等新兴科学发展成果，不断探索新时代立德树人的教学创新之路。

三、以实现“不教”为有效教学目的境界

有效教学是旨在追求和提高教育效益的教学。教育效益有两种：一种是显性的有可能是眼前一时的效益，如一堂课所教知识技能的记忆、一次考试或竞赛的成绩等；一种是潜在的不断成长乃至让学习者终身受用的效益，又叫效能。有效教学不排斥任何一种效益。但作为为学生终身学习、发展和做人奠定基础，为学生成长为能够担当民族复兴大任的时代新人奠定基础的教育，新时代基础教育的有效教学更应当追求什么样的效益呢？借鉴叶圣陶先生教育思想，我们的回答是“实现‘不教’”。

新时代有效教学研究以实现“不教”为学生成长效能和教育目的境界，具体包括三重含义。

（一）实现“不教”——学生基本品格成长效能

按照叶圣陶先生“教是为了不教”思想，就是教育教学要引导每个学生在自主学习和实践中学习到正确的人生观，并使学生养成好的品德和习惯，以至于达到最高的高度，从而实现基础教育学生作为“新时代中国人”基本品格成长的效能。

（二）实现“不教”——学生关键能力成长效能

“教是为了不教”思想就是教育教学要如同“导儿学步”，旨在让每个学生逐渐学会“独行”，做到“疑难能自决，是非能自辨，斗争能自奋，高精能自探”，练就“服务为人民，于国多贡献”的本领，从而实现基础教育学生作为“新时代中国人”关键能力成长的效能。[①]

（三）实现“不教”——学生主体精神成长效能

“教是为了不教”思想就是教育教学要深刻反映当代世界变革发展和人的变化发展根本要求，聚焦培养每个学生具有自我教育即自学的精神和能力，使其将来能够离开教者、超越教者，终身学习、自强不息，适应变化、创新实践，自觉参与共建共享美好生活、民族复兴和世界大同，从而实现基

① 任苏民．教育与人生——叶圣陶教育论著选读 [M]. 上海：上海教育出版社，2004：327.

础教育学生作为“新时代中国人”主体精神成长的效能。

由此可见，在新时代有效教学研究中，提出实现“不教”的目的境界是将立德树人作为题中应有之义，完整地蕴含了其面向全体学生，以立德为根本，德育与智育、精神与实践、个体与社会辩证统一的“做人”的教育本质内涵；而落实立德树人所要达到的境界和高度也正是要使每个学生主体觉醒，自我教育，实现“不教”。二者角度不同而又内在一致。毫无疑问，“教是为了不教”将是引领新时代有效教学走向未来的一个重要教育思想，也是中国特色现代教育教学理论创新发展的一个重要思想来源。

四、以大数据技术为实现有效教学的手段

大数据时代的来临给当代教育学理论和实践的发展既带来了机遇，也提出了挑战，为此我们有必要深入思考传统“有效教学”理念在大数据时代的实践道路，从而使教学有效性的思考与实践能够更好地契合时代的节拍，以提高人才培养质量。

（一）大数据与开放教学环境的构建

“大数据”本身并不是一个纯粹的学理概念，而是一个建立在信息处理技术基础上的数据分析、挖掘、发现和决策的整体过程。

在大数据时代，伴随着虚拟世界高度“民主化”“扁平化”人际关系结构的建立，知识获取的便捷性得到了最大程度的扩张和实现，知识不再是一种稀缺性资源，不再为少数人所独有。基于这一点，传统的教学在很大程度上面临着知识传授有限性与无限性的矛盾问题。也即教学过程如果只是固守以往的僵化教材体系、知识框架的话，那么学习者就会很容易厌烦和质疑教学组织者开展教学活动的意义。因为，就知识内涵而言，学习者完全可以借助广泛、普遍的大数据搜索能力，在一个天然具有开放性的数据世界中得到与教学主题相关的知识内容，从而使教学活动和过程自身的合法性发生动摇。鉴于这一点，在信息技术时代，将有效教学的开展与数据空间实现充分联结，促进传统教学模式的变革，已成为提升教学效率与效果的可选择路径，大数据在构建新型教学生态、助力教学结构变革、再造教学流程方面的作用日益凸显。在教学组织过程中，教师应当将所教授知识与数据检索、分析技巧结合起来，引导学习者掌握更加丰富的关联知识，既实现所教授知识的多层次理解，同时也将所教授知识与其他相关联的知识进行对比、区分

和联结，从而使得学习者能够更加有效、完备、扎实地掌握所需的知识。

在这种开放的教学环境中，传统的教学过程必须能够与大数据资源和技术实现有效的对接，教育者要认识到教育不仅是一种知识传授的过程，还是一个在海量的数据世界中形成自我判断能力、完整思维机制的过程。这就要求教育者加强对学习者的引导，促使学习者能够在大数据环境中掌握分析问题、解决问题的能力，学会将目标问题的解决与大数据的信息环境无缝对接，进而在大数据信息环境下让教育者与学习者之间建立起一种良性互动的关系，以更好地实现有效教学的目标。

（二）大数据与主动教学模式的塑造

大数据的特征可以用“更多、更快、更杂”来加以形容，这些特征都是建立在主体理解和把握的基础上，即大数据在数量规模上的膨胀、在处理速度上的增强、数据类型上的多样，都是建立在主体认识的基础上，而主体认识的目标实现本质上都与主体自身的主动性、能动性有着紧密关联。为此，在有效教学的开展过程中，教育者乃至学习者都必须树立一种发掘主体能动性、鼓励自我积极参与的创造性的精神与意识。在教育理论的发展历程中，建构主义学习理论提出了在知识学习过程中自我能动性的重要价值，无论是个体建构主义理论，还是社会建构主义理论，都主张学习的出发点必须是学习者本身的经验，知识的意义不是外在赋予的，而是以学习者的自我建构为依据的，因而教育活动一定要建立在学习者既有的经验基础上。在大数据时代，学习者处于海量信息的包围中，生活在海量信息所构造的世界里，这一世界使得现实世界和虚拟世界、人类精神世界之间建立起紧密的内在关联。在这一世界中，知识作为一种数据信息，具有实在性特征，学习者借助于媒体终端、软件能够很方便地在数据网络世界中找到解决问题的答案。基于这个考虑，有效教学活动的组织和开展需要进行重新设计与管理，以促进传统教学模式的转变，这主要表现为以下两点：

一是教学活动更加倾向于启发和讨论。关于教学活动中教师的角色、作用问题，一直存在种种争论，在大数据时代背景下，教师在教学过程中的启发、引导作用更加凸显出来，单纯的知识传授已不符合大数据时代的社会要求。通过教师启发式的教学活动组织和设计，学习者在思维层面上将能够得到更大的拓展，联想能力将得到更大的提高，问题发现和解决能力也将得到更大的提升。借助于教学过程和环节之中的小组讨论、集体讨论与点评，学习者将会被直接置于知识创造者的地位，而教师也将会和学习者一起通过参与讨论、沟通、协商，在学习者的成长过程中发挥更加积极的作用。

二是教学过程更加注重知识探索和挖掘。大数据时代的特征之一在于数据之“杂”，这种“杂”意味着数据形态多样、特征各异，真假信息并存。如同现实的社会信息一样，“大数据”同样存在数据空洞和虚假的问题，导致实际的“大数据”在真实度、可信度上存在着诸多的障碍，有效信息与无效信息并存，高价值信息与低价值信息并存。大数据思维转换改变了师生对知识确定性的认知。面对这些问题，有效教学必须充分探讨如何挖掘与整理高价值数据知识的问题，必须高度关注数据分析与甄别的方法论问题。在大数据时代，教学模式从关注学生的内在驱动力出发，通过获得信息和组织信息认知问题，找到解决问题的方法。事实上，大数据时代在分析速度无限提升的同时，与之相伴的数据混乱问题就一直与“更优”的大数据分析技术探讨始终并存，对此问题，我们应当持有一种谨慎、乐观和理性的态度。有效教学要做到鼓励和支持学习者信息数据为已所用，而不是被信息数据统治，在这一过程中进而磨炼主体自身的数据辨别、批判能力，从而真正树立学习者在大数据时代的高度主体性地位。

（三）大数据与精准教学策略的实施

一般而言，有效教学的核心内涵是效率、效益和效果，效率是指教学投入与产出之间的关系，效益是指教学是否以及在何种程度上达到了预期，而效果就是指教学活动的结果、成果。由此可见，有效教学的灵魂就是客观地考量教学结果是否达成了教学目标和教学预期，为此，实施精准教学策略就成为重中之重。在大数据时代，借助于大数据技术的“全样本性”和“相关性”特点，有效教学在精准教学策略的实施方面能够做得更好。所谓的大数据“全样本性”，就是指大数据所反映的对象特征在数据信息方面是全部的、整体的，而不再是局部的、采样的。这一点使得教学活动的组织者、管理者能够突破关于学习者信息局限性的障碍，充分掌握学习者在学习过程中的动态特征，对症下药、有的放矢，使教学活动更有成效。所谓大数据的“相关性”，就是指大数据所收集到的信息是混杂的、多样的，它与传统认识论所借助的因果规律推演恰恰相反。因果规律推演更强调信息之间的逻辑规律特征，许多非逻辑相关的信息被排除在认识之外。而实际上对于现实的教学活动而言，由于教学对象具有差异性、复杂性的特征，学习者许多的非逻辑的、隐性的学习状态、程度以及学习成效的信息往往很难得到准确的刻画。传统教学的这些盲区往往不利于有效教学效果的达成，因为传统教学更倾向于寻求教学对象成效的“中位数”，即在教学对象群体中达成一种普遍的“可适应度”，而这种“可适应度”是以牺牲更高程度的教学效率为代价的。

借助于大数据技术，有效教学可以通过各种终端媒体、软件程序对教学流程进行科学化、系统化设计，数据由此成为教学活动的辅助和支撑。通过建立精细化的、明确量化的数据采集与分析体系，教师的课堂组织、学习者的思考实践、课堂的背景资料准备以及学习者的课后反馈都被纳入一张网络结构中，教学过程的各个环节都能够通过数据的方式得到完整的呈现。这种数据化的信息呈现具有很大的教学优势。例如，学习者的学习策略、学习效率、学习盲区乃至于学习态度等方面的问题都可以得到直观的表现，极大地便利了教育工作者因材施教、因人施教，从而能够依据学习者的学习程度、问题根源等实施恰当的改进方案，提出合理的完善建议。在大数据技术的支撑下，传统的教学过程变得更加智能化，其灵活性得到了最大程度的发挥，教师的教学和学习者的学习不再是一种在黑箱中的摸索过程，学习者的分阶段学习特征、学习目标达成情况、学习策略的选择优劣等有了更好的评断标准。在大数据技术的引入和结合过程中，教学活动的实施者可以多方面采集和了解学习者的学习信息，并借助于不同模式的数据分析工具，针对学习者提供学习对策、学习建议以及问题解决方案，使学习者在个体教学成效上能够得到最大程度的实现，学习者作为个体独特的发展需求会通过数据库、教学实施者而得到快速、高效、适得其解的回应。在基于大数据的教学策略实施过程中，通过多类型、多维度的数据信息分析和挖掘，传统教学一直强调的教学评价的全过程性、教学效果反馈的长期性、发展性与可持续性也能够得到很好的实现，充分展示了大数据对有效教学精准策略实施的巨大潜在价值。

（四）大数据与多元教学目标的达成

有效教学是一个复杂的系统工程，其中的各种因素不是孤立的，而是一个整体运作的过程。从有效教学的发展理念上来看，当代学者越来越认同有效教学与个体发展、整体素质提高以及更好地完成社会化等目标任务之间的密切关系。所以，大数据使学者所主张的有效教学的多元目标的实现有了更加坚实的依托和支持。

第一，大数据与学习者终身教育理念的塑造。当代人类社会向着更加复杂、更加智能化、更加系统化的方向进发，对身处其中的每一个个体能力的发挥都提出了较高的要求。大数据时代有效教学的开展应该致力于充分发掘个体的潜能、培养个体的自我教育意识；应当启发学习者树立终身教育、终身学习的价值理念，使学习者认识到学习本身更多的是一种在基层知识和方法掌握的前提下自我创新、自我发掘、自我发展和自我实践的过程。

第二，大数据与学习者独立完整个性的树立。广义上的有效教学目标包含了对学习者自身独立完整个性的发展要求，也就是说，教学活动与过程绝不应该是知识传授或者方法与技能培养的“流水线”。当代有效教学的开展应当把学习者自身具有独立价值判断的、全面自由天性发挥的个人潜能激发与培养结合起来，在教学过程中有意识地引导学生分析自我、认识自我、发展自我；要让学生认识到，大数据时代的知识是无限的、信息是无穷的，由数据信息所表征的知识正在快速膨胀，个人、群体之间的竞争压力也由此增大。学习者要学会自我剖析和总结，充分利用丰富的资源和信息的处理效能，把大数据转变为助力个人成长的利器。

第三，大数据与学习者自身品德习惯的养成。有效教学活动在其本质上是为了集约利用资源，践行教育职能，为社会培养更多的可用之才，而从个体层面上来说则兼有促进个体社会化、塑造个体参与社会建设素质等方面的深层次作用。在大数据时代，有效教学不仅要培养学习者熟练运用大数据的能力与技巧，还要提高学习者综合利用大数据的整体素质。学生参与教学活动会在学习态度、学习品格、学习习惯等方面表现出某些方面的特征，这些特征借助于大数据可以为教育者所掌握并进而展开全面的分析。以此为基础，教育者可以在教育活动中有针对性地对学习者的学习状态和学习方向进行提醒、指导与交流，从而综合把控学习者的学习状态，训练并塑造他们的良好品德习惯。

五、以教师革新为有效教学关键支撑

教师是学生人生学步的扶携者和引路人，是使整个教育教学获得真实生命和育人实效的关键主体。在教育方面，学制、课程、训导纲要、教科书籍，比起教师来，都居于次要地位。学生要学到一生都能受益的本领，教师的作用至关重要。教师不仅要授予学生各科知识，尤其重要的还要启发学生，熏陶学生，让他们自己衷心乐意地在求真、崇善、爱美的道路上昂首前进。这是教师应尽的职责，也是教师伟大的功绩。进入 21 世纪以来，我国基础教育课程改革的实践反复证明，尽管有课程教材和管理的创新，尽管有教学环境和技术的变革，但是决定整个改革成功和有效与否的关键还是教师能力的高低。

以立德树人为本质内涵、实现“不教”为目的境界的新时代有效教学，必然更要以教师为关键，赋予新时代基础教育教师以新的使命职责。而教师要想能真正担当立德树人的教育使命职责，取得实现“不教”的教学改革突破，就必须进行自我革新。把教师革新作为新时代有效教学的关键支撑，需要引领和促进广大教师进行三个层面的自我革新。

（一）教师转变：思想精神的自觉

在新时代有效教学中，教师思想精神的“自觉”是教师认真学习习近平新时代中国特色社会主义思想，继承优秀传统教育思想，顺应时代变革和人的发展要求，自觉实现对教育价值与目的、对自身作用与使命的观念转变。教师并非教书，而是教育学生。新时代教师与传统教师有较大区别：传统教师只需教学生把书读通，能够去应付考试，取得功名；而新时代教师要使学生能做人，能做事，成为健全的公民。教师要注重引导学生，使之不断地充实自我，提升自我修养，成为有益于社会和国家的人。新时代基础教育教师首先应当实现这种对时代与教育使命的自我觉醒。

在新时代有效教学中，教师思想精神的“自觉”具体体现为教师对教育教学工作的理想追求、高度负责、认真严谨和满意体验的自我期许与“即知即行”。叶圣陶先生曾经这样说过，无论当小学、中学或大学教师，都要时时记着，在自己面前的学生都是准备参加建国事业的人。要建国成功，必须使参加建设各种事业的人个个够格，真的能够干他的事业。因此，当一班学生毕业的时候，他会逐个审量每个学生是否合格，如果答案全是肯定的，他才对自己感到满意：因为他帮助学生总算没有错，自己对于建国事业也贡献了其心力。归根到底，教师的这种“自觉”，是一种文化的自觉、教育精神的自觉，是师道之精髓、师魂之所在。新时代基础教育教师应当是一大批有灵魂、有担当、投身改革、生气勃勃的新型教师。

（二）教师修研：自我教育的先行

教师的自我革新的基础在于教师自身的修研，也即做到教师自我教育的先行。教育者既然做教育工作，自己必须先受教育，只有身体力行，才有可能使工作收到预期的效果。

在新时代有效教学中，教师自我教育的“先行”要求教师必须首先是一个道德的自我修养者。因为学生没有一种特别的本领，只从某一学科教师那里学某一学科，在教育教学中，对学生影响更加深刻、更加重要的往往是教师的人品和行为。以立德树人为本质内涵的新时代有效教学更加要求教师首先要加强自身的道德修养。教育者要明是非，辨善恶，有见必言，有言必践，即以此立身，同时也以此为教。在新时代改革开放的现实环境下，教师必须坚持社会主义核心价值观和道德行为准则，并且身体力行，将之具体体现在日常教育教学和教研生活中，体现在热爱学生、引导和帮助每个学生学习成长的一言一行中。教师一定要不断对照落实习近平总书记于 2018 年 5 月，在北京大学师生座谈会上讲话时强调的：“要引导教师把教书育人和自我修养结合起来，做到以德立德、以德立学、以德施教。”

在新时代有效教学中，教师自我教育的“先行”要求教师必须首先是一个专业的自我研炼者。教师要想引导学生形成一种真实明确的人生观，自己就一定要先有一种真实明确的人生观，为此，教师又要先把关于这等问题的各门科学，如生物学、人类学、心理学、社会学、伦理学、哲学等，进行彻底的研究。当然，教师的研究不同于学者关于教育学或课程与教学论专家的研究。基础教育教师的研究包括个体研修和集体教研等，应当主要围绕自己所教的学生和学科，紧密结合学生成长和课程教材，根据教育教学实践需要，针对教育教学现实问题开展研究。其结果主要不是理论构建，而是基于教育、教学规律把握的更生动有效的教学目标、教学内容、教学方法、教学模式、教学设计、教学课例等的实践构建。这种研究实质上也是教师的一种专业的自我研炼，是教师通过研究对自身专业素养和技能的修炼、丰富和提升。教师只有这样不断进行自我研炼，不断培养和提高自己的“真功夫”，才能为新时代有效教学提供有力的专业支撑。

（三）教师发展：善教善导的实践

教师的自我革新主旨在于教师真实的发展，也即诸教师“善教善导”的实践。在新时代有效教学中，教师的发展是教师基于观念转变、自我修研，在对学生“善教善导”的教学实践中实现和验证的真实的发展。教师真实的发展是教师自我革新的主旨，也是学生学习成长的关键。这种发展不是教师脱离具体的师生教育与学习活动过程的纯粹自我或者另辟捷径的所谓“发展”，不是简单地等同于个人荣誉称号和高级职称的获取，而是教师在引导和促进学生自主学习、立德树人、实现“不教”的有效教学中，和学生一起成长的教学相长，共同发展，共生效益。所谓“己欲立而立人，己欲达而达人”，可以说这是对教师发展德性本质的最好诠释。教师的发展是同教师自觉尽其所能帮助和指导学生的教学生活密不可分、相随相生的。教师是否真正发展主要就是看教师是否有“善教善导”的实践以及由此产生的学生学习成长的实效。

在新时代有效教学中，教师的发展体现在教师“善教善导”的实践，主要包括两个层面：一是教师善于将立德树人的根本任务有机地贯彻于自己的教学实践中。结合学生实际和课程教材，创造性地构建和实施以立德树人为本质内涵的教学目标、教学内容、教学方式、教学评价，有效地启发和引导学生自主学习，不断实现学生学业质量提高和核心素养发展。此之谓“善教”。二是教师善于将立德树人的根本任务内在地转化为学生的自我教育。在教学过程中，更多样地创设真实、直观的生活情境，让学生置身其中，自动探究、体验、历练，使所学的东西融于学生的思想、感情、行动里；更注重以身作则、为人师表，逐渐养成习惯，在立德树人的“不言之教”中，让学生如沐春风，潜移默化地促进学生的自我教育、自我成长。此之谓“善导”。“善教善导”即教师发展的最高境界，也是新时代有效教学的根本追求，即让一代又一代中国学生自觉做到立德树人，达到“不需要教”。

第二章 体育教学概述

第一节 体育教学的概念与性质

一、体育教学的概念与内涵

（一）体育教学的概念

1.教学

为了更好地理解体育教学的概念，首先可以先对教学的概念进行分析。总的来看，对教学概念的理解可以分为广义和狭义两个方面：

（1）从广义的角度来看，教学是一种在某种特定形式下开展的教育活动。在这一活动中，负责传授某种知识或特定技能的教学者对受教者进行教育，以期让受教者获得这种知识或技能。其中的教学者可以是教育者，也可以是某种知识的掌握者，所教授的内容可以是一种知识，也可以是某种技能。

（2）从狭义的角度来看，教学是指单纯的学校教学，它由教师和学生两个教学主体协作完成，是以特定文化为对象的教与学相统一的活动。在教学活动中，教师扮演着组织者和指导者的角色。在新时期，有关教学的基本观念提出，教学是教与学的统一，教融入学中，而学有教的组织引导。

通过对教学两个方面的概念理解之后，基本可以对教学的概念总结如下：教学是在教育目的的规范下，教师的教与学生的学共同组成的一种教育活动。

2. 体育教学

在分析了教学概念后，再将其与体育相结合，就基本能够确定体育教学的概念。由此可见，体育教学与教学有着很多相似的地方，它也是一种有目的、有计划、有组织地对学生传授知识和技能，发展学生智力和体力，培养学生品德和形成个性的教育过程。只不过其教学的内容是与体育相关的知识和技能，当然教学方法也与其他学科的教学方法有所不同。

体育教学并不是一种随意的、随心而行的教学活动，更不是完全地做游戏和娱乐的活动，它需要很多要素的构成才可以正常、合理、科学地开展起来。一般来说，体育教学主要由以下八个基本因素组成：

（1）学生。学生是体育教学的主体之一，没有学生就不存在体育教学，没有学生就没有组织教学。总之，学生是体育教学中的主体因素，也是最活跃的因素。

（2）教师。教师是体育教学的主体之一，没有教师，就不可能存在体育教学，也就没有体育教学中的“指导和组织者”。在现代体育教学中，体育教师已经不再是过去那种课程的忠诚执行者角色，而是在完成现有课程教学的基础上，还要成为体育课程的建设者和开发者。

（3）教学环境。教学环境是支持体育教学顺利开展的各种软件、硬件条件的综合。良好的教学环境对体育教学发挥着积极的作用。体育教学中对一些运动项目的教学的场地条件和设施有着不低的要求，相比其他学科的教学来说，体育教学对教学环境的要求更高。

（4）教学目标。教学目标是教师开展体育教学的基本依据，体育教学没有了目标就变成了无头苍蝇，就难以向前发展。在体育教学实践中，多层次的体育教学目标是体育教学中的定向和评价因素。

（5）教学内容。教学内容是由内容的实体（课程）和内容的载体（教科书）共同组成的，它们是体育教师根据社会的要求、学科的体系和学生的需要选编出来的。没有教学内容，体育教学就显得空洞化了。

（6）教学过程。教学过程是教学的最中心因素，没有了体育教学过程，体育教学也就没有了时间和程序上的支撑，因此也就无从谈起教学的组织和管理了。

（7）教学方法。教学方法与目标、教师、学生等因素有着密切的关系，它是教师根据教学目标和学生的学习情况所选择的有效的教学技术和手段，其中包含为帮助学生理解学习内容的各种信息及其传递方式。

（8）教学评价。教学评价与教学目标、教师之间有着密切的关系，它是教师根据具体的教学目标制定出的各种评价、考核指标，这些指标既包括教师的教学工作，也包括学生的学习情况。

综上所述，我们便可以总结归纳出体育教学的概念，即体育教学是指在学校教育中，由体育教师和学生协同完成的，以传授体育知识和体育技能为手段，以增进学生身心健康，提高身体活动能力、自然和社会环境适应能力，培养良好的思想品德，促进个性发展为目标的教育过程。

（二）体育教学的内涵

体育教学活动并不是一成不变的，而是一个动态的过程，这一过程中包括知识和技能的传授过程。在体育教学的不同阶段，体育教学的概念、角色等也因为多方面的作用和影响而不断地发生着变化。经过多年发展，现阶段体育教学的内涵包括以下三方面：

1. 体育教学是一门学科

在体育教学体系中有着诸多构成要素，其中主要有教学目标、教学内容、教学方法、教学模式，教学评价等内容。体育教学的目标主要是锻炼学生体能、提高身体素质、增进学生身心健康，它是一门相对特殊的课程，配合德、智、美、劳的发展，促进学生身心的全面发展。体育教学中主要的教学组织形式是课程教学，体育课程教学是指为了实现教学目标，配合德、智、美全面发展，并以发展学生体能、促进学生身心健康为主的特殊课程教学。通过上述界定，明确了学习体育运动的知识与技能，但对学生的活动与对体育运动的体验，情感的反映与社会适应的关注还比较有限。

2. 体育教学是教育的组成部分

体育教学是在体育教师的指导下，从运动科学、生物学、教育学、运动心理学、运动保健学、社会学等学科中吸收知识的精华，在体育与健康方面有规划、有组织、有目标地以身体练习为主要形式的活动，它与德、智、美、劳方面的培养相配合，共同促进学生身心的全面发展。除了在运动能力上没有比较详尽的要求外，在体育运动与体育活动、训练方面的教育都能让学生身心的发展得到锻炼和培养，这也是素质教育的主要内容及方法。

3. 体育教学是活动

体育教学主要是相关有组织、有计划、有目标的体育活动的组合。相关学者在研究中也提出了类似看法："现代体育教学是为了使学生能在身体、运动认识、运动技能、情感及社会方面和谐发展的有计划、有组织的活动。"[①] 因此，在教学实践中，学生仅仅掌握了课本上的理论是远远不够的，它是在亲身参与学习运动技能的基础上，进行动作技能的体育活动，要达到一定的标准，是体育感受体验的积累。学生只有通过这种身体的感觉和感触，才会学习并掌握技术动作。

二、体育教学的性质

（一）体育教学的性质

1. 体育教学的基本性质

事物具有的性质决定了事物与其他事物最直接、最根本的区别，具有独特性质的事物无论是在表象上还是在内涵中均有一定的特性。体育教学和其他学科教学的最根本区别就在于它本身所具有的体育教学本质。与其他教学相比，体育教学具有以下性质：

（1）体育教学的场所一般是在室外，随着学校的条件越来越好，各高校和中小学都有能力建造体育室内馆来进行现代体育教学，如建造篮球、羽毛球场馆来进行篮球、羽毛球教学，所以体育教学在室内进行也是不奇怪的，但田径、足球等项目还是必须要在室外进行的。

（2）在体育教学过程中，教师和学生都要承受一定的运动负荷与心理负荷。每次下课后，学生都会感到身体有一定程度的劳累，这是其他学科下课后并不常见的情况。

（3）体育教学的过程是身体活动与思维活动的结合，包括广泛的人际交往过程，尤其在一些集体项目中表现得尤为明显。

（4）体育教学中更加关注学生的自我感受与情感体验等。

（5）体育教学侧重于发展学生的身体时空感觉以及运动智力。

2. 体育教学的根本性质

体育教学最重要的教学形式是运动技能的教学，它是体育育人功能的实

① 张天宏．"健康中国"视域下学校体育健康促进的内涵与价值、责任及策略 [J]. 武术研究，2020，5（11）：124.

现方式。而对于运动技能的传授也是体育教学与其他学科教学的主要区别之一。在体育教学中，学生从完全不会到全面掌握动作技能需要经过几个教学阶段，分别是认知阶段、练习阶段与完善阶段。只有经历了不同阶段后，才能实现教学目标。具体来说，在体育运动技能的认知阶段中，学生与体育运动技能之间有着比较密切的联系，该阶段教学的主要目的就是让学生对所学技能的结构、关系、力量、速度等要素进行表象认识。从这个角度来看，体育运动技能是学生提高身体素质、完成技术动作的一种方法，因此可以认为运动技术是一种“操作性知识”。

综上所述可以得出，体育教学的根本性质就是一种针对运动技术和知识的教学，学生通过体育教学实践，掌握了运动知识并将之转化为运动技能，也就体现出了体育教学的性质。

（二）高校体育教学的性质

高校体育教学具有身体练习和思维活动相结合；以户外环境为主，强调的是使学生身体的时空感觉得到发展，还要实现机体的自我体验与操作等多种特征。此外，高校体育教学活动是一种需要教师与学生同时参与的双边活动。那么什么是保证师生双边活动顺利开展的媒介，对此，大部分人的观点认为，身体练习活动就是师生双边活动的重要桥梁，然而，如果仅仅将身体练习认定为师生双边活动的媒介，是不够准确的。

对于动物而言，它们也存在身体的各种练习活动。例如，即便是动物经过了驯养，具有了相对高超的运动技术，但是，动物的运动行为和人的运动练习行为是非常不同的。动物获得知识会拥有单纯的运动行为，而人的运动练习行为会包含两种内容，即身体的练习活动与大量的思维活动。如果将体育教师与学生的双边活动理解为单纯的身体练习活动，那么就很容易使大众形成体育学科地位较低的思想观念。此外，在其他学科教学活动开展的过程中，教学的中介主要是知识和技能，但是对于体育学科而言，其身体练习活动并不是知识，也不是技能。这一词语代表的是一个过程，所以，相比身体练习，用运动技术一词更加合适。

关于运动技能，由于其是知识与技术的中间形态，因此我们要从操作技能的概念以及其形成的层面上出发来解析运动技能。所谓的操作技能，主要是指一种合乎法则的，通过学习活动而形成的活动方式。一般来讲，操作技能包含多个特征，而这些特征也是同其他事物本质相比存在差异的地方，我们常常称它为“概念的种差”，具体的解释如下：①合乎法则。该种差与一些日常生活中的随意运动存在一定的不同。②通过学习获得。该种差与其他的人体本能行为是有区别的。③活动方式。该种差与知识是存在差异性的。究其原因，主要是因为知识是一种活动。④明确了方向。而对于活动而言，技能则具有控制执行的作用。

操作技能的重要分支之一就是运动技能。对于运动技能而言，其形成主要包含以下几个阶段，即认知动作的阶段、联系动作的阶段、完善动作的阶段。认识动作的阶段同知识和技能之间存在着十分密切的联系，其最终目的在于对活动操作的要素、关系与结构等进行认识。运动技术可以认为是一种“知识”，这是由于知识是事物联系与属性的组织和信息。即便是在没有人掌握它的时候，运动技术就已经是客观存在的了，这也是人类文化知识的重要组成部分之一，是前人积累下来的宝贵的运动文化遗产。

然而，如果将运动技术解读为知识，那么就会导致它同本来学科的知识与技能相互重复，导致出现两个知识与技能的情况，很明显逻辑不通。所以，在表述的过程中，应该使用另一个词语，笔者认为，在阐述时，采用运动本体与动作的概念是很恰当的，也就是说，从动作概念的角度对动作技术进行了解，就能够解析为“运动操作知识”。例如，如果学生能够学会、掌握田径、体操、游泳等运动技术，那么就能够促进运动技能的形成。

从上述的分析中我们可以得知，在本质上，高校体育教学就是运动技术教学，再具体一点就是运动操作知识，当学会了运动操作知识后，运动技能就得以形成了。如果高校体育教学的户外环境因素能够得到有效利用，那么就会排除大量的、像羽毛球运动一样的体育运动项目的可能性。所以，在高校体育教学的本质特征中，以户外环境为主的内容并不包含其中。

高校体育教学是高等教育主要部分之一，不同时期高校体育教学的目的和重点内容不同，随着社会、经济的发展变化，高校体育教学本质也会发生变化。新时代，我国提出了“健康中国”的理念，倡导人们健康生活，特别是关注学生的健康。因此，高校体育教学的本质必须随之改变，即不仅要对学生进行技术的传授，还要对学生进行心理健康的教育。高校体育教学要围绕新时期学校体育的目标和国家“健康中国”的政策要求，在理念上以实现“健康中国”诉求为契合点，针对学生的身体素质、心理健康有效实施体育教学，有计划地提高学生身体素质、技战术能力、心理能力，确保学生有较强的社会适应能力。积极挖掘高校学校体育运动项目，让高校体育教学在课程设置、课时比例的安排方面更好地适应新时代的要求，有计划、有组织、有目的地培养学生的体育兴趣、爱好，培养学生顽强拼搏、团结合作、为集体争光的集体荣誉感，提高学生的道德品质与意志品质，从而助力“健康中国”建设。高校体育教学要为建成富强、民主、文明、和谐的社会主义现代化国家作出应有的贡献。

第二节　体育教学的特点与功能

一、高校体育教学的特点

高校体育教学与一般文化课教学相比，其共同点是它们都属于师生共同参与的教和学的双边活动，教师向学生传授一定的知识和技能，提高学生的能力，进行思想品德教育。同时，高校体育教学也有其自身的特点。

（一）体育运动知识传承的可操作性

体育运动知识指的是身体知识，这一点也是体育运动同其他学科相比，最为明显的差异之处。值得注意的是，这种身体知识是人类知识发展过程中特殊认识的一种，同时也是人们对自然外部知识的追求逐渐向人体内部知识进行转移的结果，更是一种面向人类本体、人类本身与人类自我的挑战。

现阶段，教育界对于学生的主体性地位给予了肯定与重视，而这样对人类自我知识的再度追求不仅对高校体育教学的特殊性进行了展示，还使得高校体育教学具有了传承知识的重要意义。从这个角色上来讲，高校体育教学是对身体知识进行传承，而身体知识是一种能够实现人类自身感觉真正回归的知识，并且也是科学知识的一种，只是以前没有发现与挖掘出这种知识的重要性而已。可以想象的是，这类知识在未来肯定会受到人类的广泛认可、关注，并能够在人类身心健康的相关研究中被广泛应用。

（二）体育教学过程的直观形象性

在体育课程教学开展的各个过程中，教师都对鲜明的直观形象性进行了体现。例如，对于体育教师而言，其讲解不仅要同其他学科教师的讲解基本要求相一致，还要使用有趣贴切、形象生动的语言，艺术性地加工所要传授的知识，将语言简单化，使学生对教学内容加深感知。同时，体育教师需要应用特殊的演示形式，通过动作示范、优秀学生的示范、学生正误对比示范、人体模型、动作图示、教学模具等直观形象地进行展示，从感官上使学生对动作进行感知，从而建立清晰的、正确的运动表象。通过直观的动作演示，学生能够将得到的表象同思维紧密联系在一起，达到掌握体育知识与体育技能的目的。

高校体育教学管理与组织的过程也使直观形象性得到体现，学生的行为都是直接的、外显的、可观察的，所以，体育教师的一言一行都能够发挥榜样的功能，在无形中使学生的身心得到教育，进而直接地、真实地、显现地表现在课堂上，尤其是在学习活动与运动开展的过程中，学生会将其最为真实的一面通过一言一行表现出来，此时是体育教师观察、帮助和反馈的最佳时机。

（三）体育内容的审美情感性

体育课程教学的美最直观的表现是运动开展过程中教师与学生的人体美与运动美。通过运动塑身，教师和学生身体各部分线条的美与身体比例对称的美得以形成，并且人体运动的美也在这一运动过程中得以实现，上述的这些都是外显的内容。另外，在运动开展过程中，人体的精神美也得以实现。例如，在运动开展的过程中，学生需要克服生理障碍和心理障碍，以顺利完成高校体育教学目标，体现礼貌、谦让和谦虚等风范。高校体育教学活动不仅展示了人体美和精神美，还体现了高校体育教学内容的审美性。每个运动项目都对审美特征和美学符号进行了不同的表述。例如，对于球类运动项目而言，不但可以展示个人的运动优势，而且有利于培养群体的互助、协调和合作等人际素养；对于田径运动而言，不仅可以使学生个人的运动才能得到表现，还展示了永不言败的豪气；对于乒乓球运动项目而言，展示了我国优秀运动员的技艺与灵巧；等等。而这些内容都是前人积累的经验总结，经过教师的加工传授给学生，以此让学生去感知，获得身心健康的全面发展。此外，高校体育教学活动作为一种社会活动，具有一定的创造性，教师与学生共同营造的教学情境在精神上能够给人以启迪，令人回味无穷。

（四）客观外界条件的制约性

同其他学科教学相比，高校体育教学还有一个不同之处就是，高校体育教学效果很容易受到外界各方面的影响和实际客观情况的约束，如学生的性别、年龄、生理特点、心理特点、体质强弱与运动基础，体育场地、起草设施、客观气候等条件。上述的这些因素都会对高校体育教学质量存在不同程度的影响。

从高校体育教学对象的层面而言，高校体育教学应该体现教育的全面性，不仅在运动基础方面，区别对待不同水平程度的学生，同时，还要针对学生的性别、年龄、生理特点、心理特点与体质强弱等方面的实际情况进行区别对待。例如，在机能水平、身体形态、运动功能与运动素质等方面，男女学生也会存在明显的不同，因此在教学选择、教学设计和教学组织等方面，教师就应该对性别差异进行考虑。如果没有对这些特点给予足够的重视，盲目教学，不仅会导致体质增强的教学效果很难实现，还有可能会导致增加学生安全方面的风险。

从高校体育教学环境的层面而言，鉴于室外存在较多的影响因素，如空中的意外声响、马路上的汽车声等。此外，学生的视野也更加广阔，使学生的注意力非常容易分散，当然，也有一些不可控因素的存在，如天气等，都会干扰高校体育的教学过程。同时，体育课程教学在体育场地、器材设施和客观气候条件等方面存在较高的要求。所以，体育教师在制定学年高校体育教学计划、课时具体计划、选择教材内容、实施教学组织方法的时候都应该对上述的这些影响因素进行考虑，尽量减少各种因素的影响，促进高校体育教学效果与质量的提高。此外，体育教师还可利用自然条件，培养学生适应环境的能力。

（五）教师与学生身体活动的频繁性

在高校体育教学开展的过程中，教师对于运动项目的动作需要不断进行示范、指导与反馈，这主要是因为身体知识来源于身体的不断实践与操作，同时，对于学生而言，也需要身体的操作和体验。如果想要学习、掌握运动技能，就需要反复地进行身体的操作和演练，因此，在体育课堂教学开展的过程中，教师和学生身体活动会比较频繁，这一点也是体育课程教学同其他学科教学的不同之处。其他学科的课程教学只需要在室内开展就可以，只是需要相对保持安静，只有这样才能够使学生的思维得到激发，同时达到良好的学习效果。而高校体育教学的情况则不同，在高校体育教学实践活动开展的过程中，不仅有学生进行的身体上的强烈活动，还有学生体验的各种情绪，上述都是体育课程教学的外部表现行为。

（六）学生身心合一的统一性

从本质上来讲，体育就是自然改造人自身的过程，强调生理机能和形态结构统一的同时，还强调身心的和谐发展。在高校体育教学活动开展的过程中，不仅要对体育文化的传承进行追求，使学生的身体改造得到一定的促进，同时，还要使学生心理素质与社会适应能力得到强化。在高校体育教学开展过程中，营造了许多生动的情境，这一点也是其同智育教学间的差异之处，为学生心理素质的发展与社会适应能力的提高创造了良好条件。

所以，高校体育教学过程同辩证唯物论的观点是相符的，讲究身心发展的统一性。身体发展是基础，而身体的发展支持了心理发展，同时，心理的发展还能够对身体的发展起到促进作用。在高校体育教学开展过程中，身心合一的统一性主要体现在三个方面：

（1）高校体育教学内容要注重对学生各种能力和素质的培养，注重心理与社会的适应性培养，符合社会学和心理学等方面的要求。

（2）体育教师的教学方法和教学组织必须要同学生的身心发展规律相符，在反复的动作与休闲交替过程中，使学生的健身目的得以实现。练习活动与休息在一定的范围内，合理地交替进行，因此学生的生理机能变化将会呈现出一条波浪式曲线。

（3）体育课程教学同学生的年龄特征与心理特征也是相符的。在体育课程教学过程中，学生的心理活动所呈现出来的曲线图像是高低起伏的，而这种生理、心理负荷的波浪式曲线变化规律使高校体育教学的鲜明节奏性与身心统一性、和谐性得到展现。所以，体育教师在对各种教法与组织进行活动的过程中，应该充分考虑学生的心理特征，只有这样才能够促进学生的身体发展，有效激发学生的兴趣爱好与积极性，进而促进高校体育教学功能的有效发挥。

二、高校体育教学的功能

（一）影响学生身体的功能

由于在体育课教学活动中，学生必须要进行身体的活动，通过身体体验动作和技能，这样必然会有一定的运动负荷，这种运动负荷会对学生的机体产生不同程度的刺激与影响，其影响的程度要视运动项目的内容、运动持续时间、运动间歇时间、学生身体素质、营养补充等情况而定。运动项目在内容上的不同，对人体的作用程度也不同。例如，田径中的短跑主要锻炼学生的肌肉和速度能力，1500 米跑能锻炼学生的心肺功能等。但如果运动持续时间过长、运动量过大、运动负荷过重，那么不仅不会促进身心的发展，反而会影响身体的发展，甚至会产生运动损伤。学生的体质与体育教学也有一定关联。例如，身体素质非常好的学生，运动强度可以往上提，进一步发展和提高运动水平；而对于那些身体素质不太好的学生，若与身体好的学生采取同样的运动量和运动强度，恐怕会吃不消，不但没有提高身体素质，反而会产生不良影响。因此，从体育教学影响身体功能的角度而言，要想有效发挥出体育运动的健身作用，就必须遵循体育教学的规律，运用科学的教法与组织形式达到效果、实现目标。

（二）影响学生心理的功能

在人体发展规律中，身与心是合一的。体育教学在对学生身体产生影响的同时，也会对学生的心理、思想、意识与观念产生不同程度的影响，这方面的影响与其他学科有共性也有差异。体育教学与其他学科的教学都有育人的功能，教学是教育的一个主要组成部分，同样也能育人，这种功能主要通过教师的言传身教来实现的，因为教师的举止无时无刻不影响着学生的思想，因此教师必须为人师表，为学生做出表率。教学更重要的是传授人类社会的各种道德、规范与理念，这是学生在走向社会前必须要接触的内容。除了上述共性外，体育教学还有着与其他学科不同的特性。体育教学是在特殊的场合传授体育运动过程中具有人类外显的行为规范和准则，而这些规范和准则与社会的道德规范是一致的，正因为它们之间具有高度的一致性，体育教学对学生心理的培养才具有重要的意义及价值。

体育教学对学生心理的影响主要包括两个方面，分别是个人心理与团体心理。从个人心理角度看，体育教学和体育课能让学生的压力得到缓解；另外，体育的成功及失败是相对的，没有永远的胜者，而失败却是大多数人都要去面对的。作为胜利者，必须要保持清醒的头脑，不骄傲自满；作为失败者，不沮丧气馁，要不甘落后，奋起直追。只有具备了这样的素质，才有机会成为出类拔萃的强者，这就是体育活动对每一个学生在道德和心理上的意义。从团体心理角度看，道理和个人是共通的，作为团队的一个成员，需要处理好个人利益与集体利益的关系，以大局为重，抛开个人私心杂念，发扬集体主义精神，成就团队荣誉。

（三）影响学生社会交往的功能

体育教学中影响团体心理的功能也可以说是体育教学影响学生社会交往的功能。在体育教学中，同学之间的沟通、交流与合作是必不可少的，学生之间的交往具有特殊性、外显性与频繁性特点，这与其他任何一种教学活动或社会活动都有明显的差别。在体育活动中，学生的身体交流、动作交流和语言交流非常多，交流的同时，也会传播与体现体育竞赛规则。可以说，体育教学具有社会的属性，这个社会赋予了学生与学生之间需要遵循的各种规则与准则。若不遵循，就会受到惩罚和制裁；若表现优异，则会得到表扬和奖励。规则及准则的执行者自然是体育教师，这就要求教师必须做到公平公正、不偏不倚，这样才能对学生产生良好的影响，培养学生形成良好的体育道德规范，进而培养学生适应未来社会的各种道德规范与理念。

（四）传授运动技术的功能

从体育教学的微观结构分析，体育教学的最小单位是每一节体育课，而体育课的主要性质是以教学内容为中介的教师与学生的双边活动，因此体育教学主要是实现运动技术的传授与学习，即体育教师把运动形成以来不断发展的技术和技能传授给学生，这体现了传承的精神。在传授运动技术的过程中体现出体育学科的独特性，学生只有亲自进行身体活动和体验，才能学会并掌握各种运动技能。若没有这个实践环节，而仅有理论知识的教学是远远不够的。

在体育课中，教师的教学内容通常是具体的技术和技能，它可以小到某项运动的一个单元，甚至可以小到某单元教学中的单个动作环节。例如，教学内容可以是球类项目中的足球，也可以是足球中的足弓传球练习，还可以是绕杆带球练习等，其他运动项目以此类推。也就是说，学生只有从小的、简单的技术动作学起，才能积少成多，掌握整个运动项目的技术。

（五）传承体育文化的功能

从体育教学的系统结构来看，把体育课的内容累加起来就构成了单元教学计划；把各个项目的单元教学累加起来就构成了学期教学计划；而把上、下两个学期的教学内容累加起来就构成了学年教学计划；通过这种方式往更大层次进行累加，就构成了小学、初中、高中等学段的教学计划。从体育教学微观内容分析，把体育教学过程中各种小的运动技术累加起来就能学到某项完整的运动技术，继续往大了累加，就会学到各种运动技能。结合以上两个视角，通过小学、初中和高中阶段的体育教学，学生可以接触、学习并掌握较为完整的运动知识、运动文化，习得各种运动技能，从而实现体育教学传承体育文化的功能。

第三节　体育教学的发展规律与基本原则

一、体育教学的发展规律

规律是客观存在于事物发展过程中的本质属性和必然联系，它是事物发展过程中本身所固有的、不以人的意志为转移的客观必然。体育教学规律是在体育教学过程中客观存在和必然显现的。体育教学过程作为一种以体育课程内容为中介、以促进学生体育素养发展为根本目的的师生互动活动，也存在其客观的规律。在进行体育教学时，教师必须认清和遵循这些客观规律，否则体育教学过程的目标实现就定会大打折扣。

（一）人体机能适应性规律

1. 体育教学中学生人体生理机能活动变化规律

在人体进行持续运动的过程中，身体机能会呈现出不同特点。在开始练习时，机体要从静止状态变为运动状态，克服生理机能的惰性，体内各器官系统的机能水平逐渐提升。伴随着持续的身体活动，机体的机能活动能力稳定在较高的波浪式范围，且波动不大；当运动维持了很长一段时间后，体内代谢产物过多，机体的糖原被严重消耗，供氧不足，身体会出现酸痛感和疲劳感，机体机能活动能力开始下降；之后人体运动能力下降，放缓脚步，直到停止运动，机体能力逐步恢复到安静时的机能状态。所以，在人体进行完整的运动中，机能水平是从上升阶段到稳定阶段，再逐渐发展到恢复阶段。在体育教学中，教师安排的运动量和运动强度要符合人体生理机能活动能力的变化规律，因此，在体育教学中，教师应根据人体生理的变化规律，合理安排教学内容、教学方法和运动负荷等。

2. 体育教学与学生身体发展非线性关系的规律

人在学生时代时处于生长发育阶段，身体发展呈现出特定的规律，这些规律很大程度上受到先天遗传因素的影响。即使学生不进行运动锻炼，不参加任何体育活动，按照人体生理规律，身体也会发育成长，因此，可以说运动锻炼因素只是影响学生身体发展的外界因素之一。长期有规律地参加体育运动，认真锻炼，就能促进身体发育；不经常参加体育活动，不愿意锻炼，则对身体发展产生消极的影响。运动对学生的身体会产生影响，这是大家都认可的观念，但是从相关研究来看，身体在形态上的发育发展到底是由运动锻炼因素影响多一些，还是学生个人生长发育规律更起主导作用，目前尚未有具体的结论。因此，可以认为在体育教学中，对学生施加的运动负荷与学生身体的变化不是相对应的关系，也就是非线性关系，而只有指向性关系，简单地说，就是有关联，但没有绝对关联。即在体育教学中对学生施加一定的运动负荷，对其身体发展具有一定的促进作用，但并不是运动负荷越大，学生的身体就越健康，二者并不是完全对应的关系。

3. 体育教学内容对不同学生具有不同的身体刺激规律

事实证明，体育教学内容与运动负荷有内在的本质联系。运动负荷是指人在运动过程中所承受的生理负荷，包括运动量和运动强度两个方面。在体育教学中，只有给学生施加一定量的运动负荷，学生的身体才有积极的反应，教学活动才会收到效果。体育教学中的教学内容千差万别，运动负荷也各不相同，对学生的影响自然也不同。比如，教学内容是太极拳，那么运动时的最大心率低于 180 次 / 分；如果教学内容是 100 米快速跑，学生跑完后的瞬时心率可达到160次/分以上；在准备进行400米慢跑热身时，心率一般在130次/分左右。很显然，教学内容与运动负荷是直接相关的，教学内容与运动负荷的相关性规律是体育教学的特有规律。

在一般的体育教学中，负荷较大的教学内容有中长跑、球类运动等，而掷实心球、健美操、武术等运动的负荷则相对较小。所以，在体育教学过程中，体育教师要高度重视教学内容与运动负荷的联系，在教学内容的安排上，可以安排大负荷与小负荷交替的运动练习，这样可以使运动更有效果，只要合理把控，就不会使学生出现过度疲劳的现象。通常，学生的运动取得最佳效果的心率区间是120～140次/分，而在体育课中，可将此心率维持的时间控制在10分钟以上，并以中等强度和中等运动量结合的运动负荷为主，在运动之后，要及时让学生进行间歇活动，保证学生机体及时恢复到正常水平。因此，教师应根据不同教学内容的特点科学地安排教学内容，更好地促进学生的发展。

（二）动作技能形成规律

在体育教学中，学生形成动作技能的规律一般会经历以下四个阶段：

1．粗略学习运动技术阶段

从生理学视角来看，在粗略学习运动技术阶段中，所引起的内外刺激对学生机体来说都是新鲜刺激，通过各种感受器传到大脑，引起大脑皮层的中枢神经细胞强烈兴奋，但因是在初学阶段，大脑皮层内还没有建立起抑制过程，但是，大脑皮层的兴奋与抑制过程都根据大脑皮层本身的运动规律趋于扩散，因此，此时形成的反射很不稳定，容易出现泛化现象。具体表现就是动作僵硬、不协调、不到位，时常出现动作错误和画蛇添足的情况，动作时机不准确、不到位、节奏较为凌乱。

从心理学角度而言，在粗略学习运动技术阶段，视觉起到了主导作用，学生主要通过眼睛来观察教师、优秀学生、教学媒体的演示示范，在头脑中逐渐形成相对准确的运动表象，但由于学生在这个阶段缺少直观体验和感性认识，因此即便目不转睛地认真观察，但其实内心是相当不安稳的，心理的能力消耗较大，在大脑中建立的运动表象不够牢固，直接表现为动作呆板、不协调，有待进一步提高。

因此，该阶段教学的主要任务是促使学生建立起正确的动作表象和概念，排除其他干扰因素，避免错误动作的误导。学生要增加练习次数，以建立大脑皮层与肌肉系统的联系，使形成的条件反射更加稳定。根据粗略学习运动技术阶段的特点与教学任务，教师要充分了解学生的个人情况，如性格、运动水平等，运用更加直观的教学手段，讲解的语言要精练而生动，示范动作一定要准确，确保学生形成准确的动作表象，引导学生把头脑中的意念集中在如何更好地完成动作上来，对动作意义、技术结构、要领方法进行准确把握；同时，教师要有耐心与信心，给学生充分的练习时间，帮助学生建立起神经系统与肌肉系统的暂时联系。

2. 掌握分解动作，改进与提高完整运动技术阶段

从生理学角度来看，学生随着学习的深入，其开始出现大脑皮层运动区的兴奋与抑制过程在时空上的分化，大脑皮层运动中枢的兴奋和抑制过程越发集中，抑制过程明显增强，尤其是分化抑制程度不断加深，由泛化进入分化。第一信号、第二信号系统的相互作用开始得到加强，具体表现为开始掌握各个分解动作，画蛇添足的情况越来越少，动作的时机与节奏离动作标准越来越接近。

从心理学的观点来看，学生注意力的分配能力得到加强，整体感知开始分化，视觉听觉、动觉共同发挥作用。但此时具有的条件反射依旧不稳定，容易被外界强烈刺激干扰所影响。学生的内心还是平静不下来，注意力虽然有提升但还有待锻炼，动作虽然有改观但仍显得慌乱，动作能衔接起来但衔接得不连贯，容易出现错误。因此，该阶段的教学任务是在初步掌握的基础上，让学生进一步缓解内心的紧张，强化对各个分解动作的理解，对各个动作结构的内在联系加深理解，在掌握各个分解动作的同时，脑海中建立起一套完整的动作衔接概念与意识。根据该阶段的特征和要求，教师可以尝试多种教学方法，让学生进行反复强化练习；在不切割完整动作的基础上，把所有相近步骤进行对比，帮助学生纠正错误动作，准确把握动作的重点和难点；根据完整动作的要求，把各个分解动作组合起来，进行有节奏的练习，在熟练的基础上逐渐过渡到完整动作。

3. 掌握完整运动技能阶段

从生理学角度来看，通过对整个运动技术的反复练习后，学生能形成稳定的运动技能记忆和表象、准确稳定的动力定型，大脑皮层运动区内兴奋与抑制过程在时空上更加集中，有时能在脱离意识控制下完成整套动作。运动形式更加牢固，不被破坏，植物性神经功能与躯体性神经功能开始协调配合。

从心理学角度来看，学生在此阶段逐渐消除紧张状态，语言的作用开始加强，注意力提高。具体表现为较好地完成整套动作，动作协调、灵巧，不出现明显失误，动作的矛盾与干扰逐渐减少，完整动作越来越连贯，节奏性较好。

此时，运动动力定型虽已基本巩固，但也要持续练习，否则好不容易形成的动力定型就会消退。对于复杂、难度大的运动技术，如果不长期坚持，不但动作不能进一步巩固，而且已形成的动作表象还会逐渐消退。因此，此阶段的任务是让学生在各种条件、环境下继续坚持练习；关注动作的每一处细节，加深动作技术的理论和原理的理解与消化；结合运动实践，促进完整运动技能达到自动化。

4.运动技能自动化阶段

从生理学角度来看，当运动技能不断巩固与发展之后，学生掌握的运动技能将会出现自动化的现象。所谓自动化，是指在练习某套动作时，可以在下意识的情况下将动作完成。所谓下意识，并不是真正意义上的不采取任何意识就完成动作，而是指在大脑皮层兴奋性很低的情况下，依旧可以完成相应的动作。

从心理学角度来看，这一阶段学生已经彻底消除了内心的紧张，将注意力提高到个人的最大程度，运动的感知对动作的控制调节占据主导地位。具体表现是自然熟练地完成整套技术动作，动作准确、协调、灵巧，令人赏心悦目，并体现出动作技能的技巧性与相关特征。如果继续练习下去，可以表现为形成运动技巧和运动能力，并能灵活自如、随机应变地运用。要注意的是，如果运动技能的自动化是在下意识情况下完成的，一旦动作出现细微的偏差往往不会被察觉和发现，如果重复多次形成习惯，就有可能使本来准确的动力定型变质。

这一阶段的主要教学任务是让学生巩固发展已形成的动力定型，能轻松、熟练、灵活地完成动作，并能在各种变化的条件下依旧灵活自如地去运用。根据这一阶段的特点和任务，教师应要求学生继续坚持强化练习，并注意整个技术动作的细节内容，使学生参与各种条件、环境下的练习，特别是运动比赛，不断地巩固已形成的动力定型。

（三）体验运动乐趣规律

体育教学中往往有很多教学目的，其中之一就是要注重培养学生的兴趣爱好与专项能力。对于体育教师来说，要想方设法地让学生在教学中感受到体育运动的魅力，进而使其形成主动练习的意愿，这样才会对体育形成兴趣。体育运动乐趣的体验能够促进学生积极学习与掌握相关运动技能，从而促进自身的身心健康发展。因此，体育教学过程遵循体验乐趣的相关规律，对促进体育教学的效果具有很大的帮助。

学生在学习与掌握运动技能的过程中，体验乐趣的规律一般是如下几个过程：

（1）学生在自身固有的技能水平下进行新技能的学习，在学习新技能中体验全新的运动乐趣。

（2）为了掌握新的运动技能，学生需要付出勤奋与努力，需要不断挑战自我，在挑战自我中能够体验到实现自我价值的成就感与向目标奋进的使命感。

（3）掌握新的运动技能后，学生要充分发挥个人的聪明才智与主观能动性，对获得的技能进行创新，在创新中体验探索与新鲜的乐趣。

二、体育教学的基本原则

（一）全面发展原则

体育教学应以促进学生的身体锻炼为基础，促进学生身心的全面协调发展。在体育教学中，除了促进学生身体健康外，还应将体育教学与心理学、美学和社会学等学科知识结合起来，全面提高学生智力、心理素质、美育（感）和能力等多方面的发展，以培养适应社会主义现代化建设需要的人才。

1.全面发展原则的基本依据

（1）社会主义体育教学目的的需要。我国社会主义的性质决定了体育教学具有明显的社会主义目的性，这就是为培养身体健壮的全面发展人才服务。因此，在体育教学中，要使学生身心双修。

（2）实现体育教学基本功能的需要。体育具有健身功能、教养与教育功能、休闲娱乐功能、促进个体社会化功能和美育等多种功能。由此可见，体育教学是集中实现体育多种功能的有效途径。

（3）学生发展的需要。在新的历史发展时期，学生的发展并不仅局限于身体的发展，还应在思想、心理、智力、道德品质与行为、审美及表现美的能力等方面都得到发展。

2. 全面发展原则的基本要求

（1）体育教师在体育教学中应该认真学习和领会体育教学大纲（或课程标准）精神，全面贯彻教学大纲（或课程标准）的目标和要求。

（2）体育教师应树立现代体育教学价值观念，用现代体育教学价值观去评价和衡量现代体育教学质量。现代体育教学除了具有一定的生物学价值外，还具有心理学、教育学、社会学及美学的价值。

（3）体育教师在体育教学的准备、实施、复习、评价等阶段中，在制定教学任务、选择教学内容和运用各种教学手段和方法等方面，都应注意增强学生体质并促进其全面发展。

（4）体育教师在制订各种体育教学工作计划和编写教案时，应在课堂中给予学生足够的身体练习的时间，并在教学中重视学生的心理发展。

（二）合理安排运动负荷原则

1. 合理安排运动负荷的依据

（1）不同学生生长发育的特殊性。不同学生生长发育的特殊性对于儿童青少年的体育教学尤其重要，在针对儿童青少年的体育教学中，大多数学生的身体尚处在生长发育期，并没有完全成熟，身体各方面机能的发展还并不完善，所以，对体育教学的安排既要满足学生锻炼身体和掌握运动技能的需要又不能使学生因体能透支而出现危险情况，因此，体育教师在为学生安排和设计的体育教学活动量时，要以学生可以承受的身体负荷为依据。

（2）人体发展的基本规律。学生在参与体育教学时，无论是身体练习还是运动技能的学习，都需要承受一定量的运动负荷。但人体在体育运动过程中的规律揭示了任何练习和教学都不是活动量越大越好，运动负荷过大，会对学生的身体健康造成不同程度的损害，运动负荷过小不利于良好教学效果的取得，因此运动负荷的适宜性安排得是否得当是检验一名体育教师水平高低的标准。

2. 合理安排运动负荷的基本要求

（1）运动负荷的安排要服从体育教学目标。体育教学的目标始终是培养学生健康体魄和健康的心理素质。因此，基于这个目标就可以清晰地理解，体育教学不是为让学生不断超越身体极限的挑战自我，也不是为了增加运动负荷而大运动量训练，竞技体育中为了获胜单纯地加大运动负荷的方法不适用于高校普通学生的体育教学。

（2）运动负荷的安排要适应学生身体素质。体育教学应为促进学生身体发展而服务，因此在体育教学中，运动负荷的大小应充分考虑学生的身体发展状况与需要，教师要想合理地安排运动负荷，就必须了解学生的身体发展情况（包括不同性别学生的生理差异、学生在不同生长发育阶段的特点等），运动负荷安排要体现对学生身体的无伤害性，同时有利于促进学生身体发展。

（3）运动负荷的安排要充分考虑学生之间共性与个性的关系，需要体育教师在运动负荷方面做周全的考虑。一方面，教师要从学生的整体情况来考虑。这个整体情况主要是指高校大学生的年龄段有相对趋同性，因此他们的身体素质发展有类似的特点。另一方面，教师在整体趋同性的基础上，还要关注一些个人的特殊情况，如对伤病学生的运动负荷安排应酌情减少。

（4）运动负荷安排应为逐步提高学生自我控制运动负荷能力服务。体育教育虽然主要以使学生参与身体练习为主体，但是也不能忽视对学生进行体育理论方面的知识讲授，这种理论教学往往能够让学生更好地理解体育的意义，从而促使他们主动参与到体育锻炼中，而不是仅仅在课堂中参与。因此，体育教师应加强对学生进行体育运动理论知识的教育，提高学生自己判断运动负荷是否合理的基本能力，并使学生在体育活动中能自主调节运动负荷。

（5）体育教学中应重视合理休息。运动负荷的安排与休息方式、休息时间有关。科学合理地安排休息方式、休息时间和心理负荷，对于顺利达到理想的体育锻炼效果有着重要的作用。

（三）循序渐进原则

1.循序渐进原则的基本依据

在体育教学过程中，要遵循由简到繁、由易到难、由未知到已知、逐步深化的循序渐进的原则，只有循序渐进，才能让学生更好地掌握体育方面的知识、技术和技能。

2.循序渐进原则的基本要求

（1）制定好教学文件、安排好教学内容。只有在保证教学文件和教学内容都安排妥当的情况下，才能执行教学工作。因此，在进行教学工作之前，一定要制订系统科学的教学计划方案。在制订教学计划文件时，每个运动项目、每次课、每学期的内容和教法都应前后衔接，逐步提高。教学计划中内容的安排对教学工作的实施效果具有至关重要的作用。因此，教学计划的制订既要考虑该运动项目由易到难、由简到繁的顺序；又要考虑与其他运动项目之间的关系。项目的安排应遵循循序渐进的原则，以保证前一个项目的学习有利于后一个项目的学习。

（2）不断提高学生生理负荷。学生的生理负荷可以采取波浪式，有节奏地逐步提高，因为机体需要一定时间适应课程交替有节奏的安排。合理地利用超量恢复是提高生理负荷的有效措施。

（3）教师要始终不断地提高自身的文化素养，深刻了解学生身心发展的一般规律和特点，了解各项教材的系统性以及各项教材之间的关系。

（四）专项教学原则

1.专项教学原则的基本依据

体育教学内容丰富，种类多样，不同内容的体育教学对学生的要求是不同的，因此教师应结合体育教学项目的特点和规律开展体育教学，在促进学生基本身体素质提高的基础上，发展运动专项能力，提高运动水平。

2.专项教学原则的基本要求

体育教学专项教学原则要求体育教师应重视学生专门性知觉的优先发展。体育运动通常是在具体的运动环境中进行的。以篮球为例，篮球运动围绕篮球、篮球场地以及场地上的器材进行，在运动过程中，学生对环境和器材的感知是专门性知觉发展的过程，其中手指、手腕对球的控制能力对篮球教学至关重要，因此教师应重视学生对球控制能力的优先发展。

（五）巩固提高原则

1.巩固提高原则的基本依据

根据遗忘规律和运动条件反射建立与消退的理论，学生学到的知识与技能在一段时间内如不经常复习，就会遗忘或消退。另外，根据“用进废退”原理，学生对所学习的运动技能进行反复练习有助于发展运动能力、身体素质和生理机能，起到强身健体的作用。因此，学生要注意巩固提高所学到的知识和运动技能。“学习如逆水行舟，不进则退”“温故而知新”这些关于学习的语句充分揭示了巩固提高在学习中的重要性。体育教学多为身体的练习，一般来讲，如果这种练习不能得到巩固，就会随着时间的延长而消退，因此在体育教学中遵循巩固提高原则是十分必要的。

2. 巩固提高原则的基本要求

（1）在体育教学中，教师应合理安排训练计划。让学生进行反复强化的练习，增加练习的密度，巩固运动条件反射，使其获得进一步的提高。制订合理的训练计划是让机体在巩固提高的过程中避免出现过度疲劳损伤机体。

（2）体育教师应重视良好、正确的体育教学方法和训练方法的选择。在教学中，体育教师可采用改变教学方式或者改变练习条件来达到巩固提高的目的。

（3）增加运动密度和动作重复的次数，反复强化，不断巩固运动条件反射，提高技术水平、身体素质和体育能力。

（4）体育教师要给学生布置适量的课外体育作业或家庭体育作业，将课内课外结合起来，达到巩固提高的目的。

（5）体育教师要不断提出新的学习目标，培养学生进行体育运动兴趣和进取动机。

（六）因材施教原则

1. 因材施教原则的基本依据

学生作为体育教学的主体，他们之间普遍具有较为相似的共性与特性。共性体现为身体年龄阶段发育的稳定性和普遍性；特性则是每位学生受性别、遗传、生长环境、教育水平、认识能力等因素的影响，彼此之间存在差异，身心发展显现出很大区别，而具体到学生具备的体育运动能力的话，这种差异性就可能更加明显。例如，有些学生的家长喜爱运动，所以从小就培养孩子参与体育运动或参加业余体育训练，这类孩子的运动水平一定会超越同年龄段的孩子的平均水平而显得格外突出。因此，在体育教学中，教师应重视不同学生及统一学生不同阶段的差异，因材施教。

2. 因材施教原则的基本要求

（1）引导学生正确对待个体上的差异。对于差异的存在，如果利用得当，是一个教育鼓励学生之间互相帮助，培养团队意识和集体精神的好方法。学生之间的运动天赋和对体育的了解各有不同，要在体育教学中贯彻个体差异性的原则，教师应在自己充分了解学生个体差异性存在的基础上，向学生讲解个体差异的存在，并引导学生正确看待差异。差异的存在是客观的，不能成为体育教师歧视天赋较差的学生的理由，同时教师也不能过分偏爱天赋较好的学生。

（2）深入细致地研究和了解学生之间的差异。一方面，教师要对学生个体的差异性进行全面的了解，这是贯彻个体差异性原则的前提条件。为此，教师可以在学期前进行一些测试或座谈交流，弄清不同学生在身体条件、兴趣爱好和运动技能等方面的差异。另一方面，教师应认识到学生个体差异并不是一成不变的。例如，有的学生在一开始的测评中被认为是没有很好的运动天赋，但是本人非常热爱体育运动，在平时的课堂上也非常积极地配合教师完成各项教学内容，慢慢地，他就会取得进步。对此，教师要有长远的眼光，要能发现不同学生在运动方面的天赋。

（3）丰富教学实践，选择适当的教学方法。在体育教学中，有些项目是不能根据“等质分组”的原理来处理区别针对性教学的问题。因此，教师面对这种情况就要运用其他方法来对待个体差异性，以篮球教学为例，可采用“绕竿跑”“定点投篮”等教学方法。这些项目的设立是为了能够使那些在某些项目中没有任何特长的学生依旧对体育产生兴趣，而不会因为参与某项运动的成绩太差而觉得自己成为体育课堂的“局外人”。体育教师应让每一个学生都能参与到体育教学活动中，体验运动的快乐。

（4）重视学生个体差异性与统一要求的统一。在体育教学中，提高全体学生的综合素质是每个教师的目标，因此在制定教学目标时，教师都会考虑到目标的可行性，要满足大部分学生的要求。学生的个体差异是客观存在的，教师应在教学中充分重视这一点，但是体育教师也要立足于整个班级的教学实际，对学生统一要求，以促进学生完成教学任务，达成体育教学目标。

（七）安全教学原则

1.安全教学原则的基本依据

体育教学除了有课时不多的理论课需要在室内完成外，其他的实践部分的教学几乎都需要在特定的体育场馆、场地或使用专业的运动器材来开展。教学环境和条件的变化外加体育运动本身的风险性特征都会使体育教学带有一些安全隐患，这是非常正常的，也是无法绝对避免的。但是，想方设法地探寻尽量减少和避免意外伤害事故发生的方法还是必要的，这也是体育教学得以正常开展的基本保障。

2. 安全教学原则的基本要求

（1）加强对学生进行安全意识的教育。学生是体育教学的主体之一，是教学活动的重要参与者。绝大多数在体育教学过程中发生的意外事故的对象是学生，然而其中大多数事故都是由于学生的安全意识不足或疏忽大意导致的。鉴于这一情况，在秉承安全教学原则之下，不仅需要体育教师的严谨和全面的考虑，还要加强学生的安全意识。为此，体育教师在日常的体育教学中要不断向学生灌输安全意识，每堂课前也要做好安全训导。在体育课堂中，学生要严格按照教师的要求去做，注意课堂纪律，参与体育活动量力而行。

（2）经过长期体育教学实践之后，要对出现的或预想的各种安全隐患进行周密的考虑，然后对这些隐患做出相应的处理预案。当这种准备做得较为充分后，一旦在教学过程中出现事故，教师就可以更好地在冷静的心理基础上做出最快、最有效的应急处理措施，以期将体育教学中的风险带来的后果降至最低。

（3）建立完善的安全制度和保证场地设施的良好状态。完善的制度始终是教学的基本保障，对于体育教学来说更是如此。另外，体育教学通常要使用特定的场地和许多运动器材，对这些场地进行精心保养，对器材的选择精益求精，也是保障体育教学安全可靠的重要环节。就体育场地来说，经常在坚硬的石灰篮球场地开展篮球教学显然会对学生的膝部关节和脚踝关节造成伤害；在“黄土”足球场中开展的足球教学中，学生在跌倒后更易造成挫伤和擦伤。当然，并非每所学校都有能力建造条件良好的体育场地，如果没有，也应以保障学生安全为前提，对体育教学的强度作适当修改。

（八）终身体育原则

1. 终身体育原则的基本依据

通过体育教学，长久地影响学生一生对运动健身重要性的理解，并身体力行地参与其中是体育教学的最终目的。这也是新《体育（与健康）课程标准》对当前体育教学的基本要求。因此，培养学生终身体育思想，促进学生终身体育习惯的养成是体育教学应遵循的基本原则之一。

2. 终身体育原则的基本要求

（1）培养学生的终身体育意识。在教学中，教师要善于发现学生的体育爱好与技术特长，并加以引导培养，并以此来激发学生对体育学习的兴趣，使其树立终身体育意识，养成体育锻炼的习惯。

（2）在体育教学中充分考虑教学的长期、短期效益。体育教师不仅要重视体育教材或某项运动技能的教学成果，还要考虑体育教学的长期效益，这与体育教育总体目标的要求是一致的。

第三章　基于有效教学理论的高校体育教学解析

第一节　有效体育教学的内涵

所谓“有效”，即教师的教学可以使学生在某一领域或多个领域获得具体的进步或发展。所谓“教学”，即教师引起、维持或促进学生学习的所有行为。从教师的角度看，有效教学是为了提高教师的工作效益、强化过程评价和目标管理的一种现代教学理念，从学生的角度看，是为了提高学生学习质量和效益、优化学习过程和方式、促进学生进步和发展的教育教学理念。有效教学理论不仅符合社会与学生的教学价值需求，还能有效提升教师的工作效率。

一、有效果、有效率、有效益

效果系由某种原因、因素或者动因产生的结果。“有效果”指通过教师的教学以后，学生获得的具体进步和发展。学生有无进步和发展是衡量教学有无效果的唯一依据。体育教学有没有效果主要看学生有无进步。学生对所学体育与健康知识的掌握程度，学生在体能上的提高程度，技能掌握上的进步程度，心理素质、社会适应能力的加强程度以及学生在原有基础上提高的幅度的总和是衡量体育教学效果的最终依据。

效益系“效果和收益”，其着眼点在于“利益”。教学效益是教学活动的效果和收益，它的范畴就更广了。教学效益反映的是教学活动的结果与教学目标以及教学目标与特定的社会和个人的教学需求是否一致，这是对教学效益的内在的质的规定，关注和提升教学效益也是实现教学活动价值和达成教学活动目标的过程。体育教学“有效益”指通过教学活动，既实现了教学活动的价值，达成了教学活动的目标，又使教学结果吻合预期的教学目标，符合社会与个人的教学需求。同时，体育教学“有效益”更多的是关注好的、积极的学习结果，关注学生学习的良性收益。

教学有效率是指在一定的教学投入内，产生了尽可能多的教学产出，达到了夸美纽斯所言的“教员可以少教，但学生可以多学”的境界。[①] 所以，教学效率同时包含着学生的实际效果，由于体育课堂教学活动本身也可以看作一种无形的精神性的生产活动，借用经济学的概念，可以将体育课堂教学效率表述如下：教学效率 = 教学产出（教学效果）/ 教学投入。即教学效率和教学产出（教学效果）成正比，和教学投入成反比。

综上所述，有效体育教学是体育教学过程符合体育教学规律的教学，是有效果、有效益、有效率的教学。体育教学活动是一种育体、育身、育心的过程，应该实事求是，尊重体育教学规律，不能鲁莽蛮干。符合体育教学规律是实现体育有效教学的基本条件，不符合体育教学规律的教学，即使有效，也是低效或者负效的。有效果、有效益是有效体育教学的基本要求和前提，有效率是有效体育教学的最高目标，符合体育教学规律以及“有效果”“有效率”“有效益”这几个方面共同构成了有效体育教学的内涵和外延。缺少其中之一，都不是有效的体育教学。据此，可以将有效体育教学定义为：有效体育教学是教师遵循体育教学过程的规律，成功引起、激发、维持和促进了学生的体育学习，在维持既定教学效率的前提下，相对有效地达到了既定教学效果、获得既定教学效益的教学。它一方面取决于体育教师及相关人员对体育课上应该做什么作出正确的决定，另一方面取决于如何实现这些决定。

二、教与学互相依存

在现代社会，人是主体。在现代化的课堂中，人也是主体；学生和教师就是课堂中的主体，学生是课堂中的中心，是自己学习的主人。教学是师生双边活动，应该发挥师生的整体作用。教学的有效性虽然和很多因素相关，但主要的因素是教师的“教”和学生的“学”。要摒弃传统的非此即彼的“教

---

① 何晓春．有效体育教学：内涵与路径 [J]. 现代阅读（教育版），2013（1）：237.

师中心论”和“学生中心论”，认识到体育教师与学生都是体育教学过程中的主体因素，两者之间的关系是教学过程中最本质、最直接的关系。同理，对体育教学有效性的研究也必须既要关注教师教学活动的有效性，又要考虑学生学习活动的有效性。

要提高体育教学效果，就必须把教师和学生都视为主体。相对于学生来说，教师是外因，是外源性主体，其作用在于主导；相对于体育学习而言，学生是学习的内因，是内源性主体，其一切学习活动的目的和作用在于提高体能、技能、身体素质、心理素质和社会适应能力。外源性主体同内源性主体和谐统一，是一切体育教学活动取得较好成效的前提和基础。应该同时发挥师生的积极性，并将二者有机结合。

同时，在体育教学中，师生以体育教学内容、教学方法、教学媒体等为中介，在各种层次的教学目的的指导下，在不同的教学环境中，共同构成了贯穿于教学过程始终的双边活动。体育教学绝不只是单纯的讲解示范、组织管理，也不仅是单纯的动作或技能练习和体能锻炼，而是教与学两者相互依存和促进的过程。教师的教和学生的学只有互相适应，才可能使教学有效，且师生互适性越高，越易取得好的学习效果。学生在体能、技能、身体素质、社会适应能力、心理适应能力等方面的效果在很大程度上有赖于体育教学的正确有效的实施。同样，体育教师的教学效果也要通过受教育者——学生这个客体，才能得到体现。因此，在教学实践中发挥教师主导作用的同时，必须突出学生的主体地位并考虑学生的个体差异，因材施教，因人而异，不可强求整齐划一。例如，关于前滚翻的教学，许多教师可能是对小学、初中采用同一个教法，而很少考虑到学生不同年龄阶段的运动素质特点和运动技能形成的规律。实际上，在体育教学实践中，学生的情况千差万别，部分学生不能完成动作是因为身体素质达不到练习的要求，部分学生不能较好地完成练习是因为对技能掌握不够，对动作的概念理解不清，而教师却一味强调整齐划一的练习，没有根据学生不同的具体的问题，选择合理的教学手段，这样的教学效果可想而知。

教师在教学设计过程中，要充分考虑教与学的关系，通过学情分析，根据水平目标，结合教材的重点、难点，有针对性地选择教学方法、练习手段、组织形式，只有这样，才能使教学更有效。

三、教学行为的选择与目标立足于多学科

就科学的发展史来看，当今重大的科研成果大多是综合科学和多种学科知识的综合运用的结果，有时更加要依赖于相关学科的知识。同样，当今教育发展不再是单一的、拘泥于学科的专业知识的教育，而必须是拓宽知识面的基本理论传授、重视应用能力和整体控制能力的培养。

随着知识融合、学科交叉的日益普及，体育也不再是一门单纯的学科，而成为一门经过多学科之间整合后形成的课程。教师如果缺乏相关学科领域的知识技能，就不可能将这些知识技能成功地整合起来，也难实现体育教学专业化。只有具备一个庞大的、结构合理的整体知识网络，才能从整体的观点出发，全面辩证地认识体育教学。只有从多种角度进行考察，才可能真正理解体育教学。体育教学虽然是以身体练习为基本手段，但是在具体操作过程中和很多学科知识相联系。例如，美学知识让学生懂得欣赏运动美；管理学知识让教师提高班级管理效率；信息学知识让教师了解体育教学内容的传播渠道和学生接受途径；心理学知识让教师更好地了解学生的需求，掌握学生的运动技能，掌握规律；社会学知识能指导教师和学生在课堂中有机交往和互动。所以，教师在选择具体的教学方法和运用具体的教学行为时，要以宽广的眼光，跳出体育看体育，从哲学、美学、心理学、社会学、生理学、医学等多种学科中汲取养分，有机整合，综合运用，从而提高体育教学的有效性。

四、有效体育教学是一套策略

策略是指教师为实现教学目标或教学意图而采用的一系列具体问题的解决行为方式。有效教学需要教师掌握有关的策略性知识，以便于自己面对具体的情景作出决策。一般情况下，按照教学实施流程，有效教学的过程分为三个阶段：教学的准备阶段、教学的实施阶段和教学的监控评价阶段，分别由准备策略（教什么）、实施策略（怎么教）和评价策略（教得如何）共同完成教学任务。

（1）体育教学准备策略。主要是指教师在体育课堂教学前根据体育教学的目标和要求，所要处理的问题解决行为，亦即教师在制订教学方案时所要做的工作。主要包括对教材的钻研熟悉、对学生的了解、教学目标的确定与叙写、教学材料的处理与准备、主要教学行为的选择、教学环境的选择、

教学组织形式的编制以及教学方案的形成等。

（2）体育教学实施策略。主要指教师为实施上述教学方案而发生在课堂内外的一系列行为。按功能来划分，主要有管理行为与教学行为。前者是为教学的顺利进行创造条件和确保单位时间的效益；后者又可以分为主要教学行为（直接指向目标和内容，事先可以作好准备的行为）和辅助教学行为（直接指向具体的学生和教学情境，事先很难或根本不可能作好准备的行为）两种。

（3）体育教学评价策略。主要是指对体育课堂教学活动过程与结果做出的相关价值判断行为。主要涉及学生学业成就（如身体素质的提高水平、运动技能的掌握程度、社会适应能力的提高程度、心理健康的增进水平等）的评价与教师教学专业活动（如备课能力、讲解示范能力、纠错保护能力、组织教学能力等）的评价。体育教学评价策略贯穿整个教学活动的始终。

第二节　有效体育教学的理念

一、以促进学生学习为宗旨

任何教学活动总是有其一定的目的，“教”的最终目的是为了“不教”，是为了学生能够学会学习。教学活动的中心应在于如何使学生的学习得到提高和进步以及如何使学生的能力得到锻炼。

有效体育教学是一整套为促使学生学练，实现教学目标而采用的教学策略。“教”就是为了学生的“学”，让学生乐学、会学，为学生的可持续发展打好体能、技能、身体素质等基础。体育教学是否有效及其效果如何最终要通过学生体现出来。要让学生在体育文化知识、体育意识、体育习惯、体育能力、心理素质、社会适应等方面不断取得进步。只有教师把学生当成学习活动的主体，才能有效地实现教学目标。从本质上来说，有效体育教学是对优质教学的追求，以良好的教学质量为生命线，既要追求优质的结果，也追求优质的过程，一切都要以促进学生的学习为宗旨。

二、以“大体育”视野定位体育教学

“大体育”以更大的视野和更大的格局定位体育教学。《全国普通高等学校体育课程教学指导纲要》（以下简称《指导纲要》）提出了体育课程运动参与、运动技能、身体健康、心理健康、社会适应五个目标，明确指出体育是实施素质教育和培养全面发展的人才的重要途径。近年来，党和国家越来越高度重视体育在增进健康、培养全面发展人才方面的重要作用。体育成为全面提升本科教学质量的重要内容，是健全人格的首要选择，是“三全育人”①的重要抓手，体育课程承担着重大的时代责任，需要以更大视野和担当来定位体育，尤其是作为体育工作核心的体育教学。

“大体育”以终身体育能力培养为毕业要求，是致力于学生一生健康的教育。体育教学过程必须做到知行合一，学生要掌握运动知识和完整的运动技能，也乐于在课余时间甚至毕业后依然从事体育活动。通过各级各类、校内校外一体化竞赛实现学生体育健康习惯和体育品德的养成。当前对于体育宏观的、综合性的希望和需求，使教学核心元素的体育课程承担着更全面的使命和责任。根据学生能力培养的需求，体育学科培养目标则应着重于学生适应社会和终身发展所需要的正确价值观念、必备品格和关键能力，从而形成良好的体育生活方式，为以后的工作和生活奠定良好的身体基础，这是体育学科贯彻落实立德树人根本任务的答案核心。同时必须明确，如何实现遵守规则、人格健全、团队精神、家国精神等“非技术性能力”的培养，需要我们确立终身体育能力养成这一条主线，并将其贯穿教育教学改革全过程，立足体育学科核心素养，充分发挥体育竞赛的载体作用，使学生经历复杂情境或者是竞赛全过程，在此过程中掌握运动知识和技能，培养其终身体育能力。

“大体育”推动着课堂延伸，构建了协同育人的“大课堂”，是覆盖全体学生的教育。构建“大体育”课程体系，不断进行教育教学改革，全面推动着体育教育教学改革，要做到以下几点：在时间维度上，重视学生终身体育的运动技能和健康习惯的习得和养成；在空间维度上，强调学校、家庭、社会一体化和学校各部门协同育人；就其覆盖面讲，坚持以学生为中心理

① “三全育人”即全员育人、全程育人、全方位育人，是中共中央、国务院《关于加强和改进新形势下高校思想政治工作的意见》提出的。

念，强调每一名学生的积极参与及探究性学习。

三、关注学生的全面进步和发展

学生的进步和发展是体育教学追求的终极目标，而有效体育教学对学生的全面发展和大幅度进步的追求对体育教师提出了新的要求。在实际体育课堂教学中，应并重预设性和生成性，不仅要关注教学结果和教学过程及方法，还要关注学生知识的获得和能力的提升以及积极情感、态度和价值观的形成，以实现知识与能力、方法与过程、情感态度与价值观的全面发展。要达到这些目标，体育教师需要在自身意识方面进行提升。

首先，有效体育教学要求真正确立学生的主体地位和中心地位。体育教学是师生互动的过程，离开"学"，就无所谓"教"，因此要求教师要有"主体"意识和"对象"意识。教师必须一切为了学生的发展。如果学生没有获得发展，那么教师的工作与付出，也是缺乏现实意义的。

其次，有效体育教学要求教师树立"全人"的学生观。学生发展是全面的均衡发展，包括体能、技能、身体素质、社会适应能力、心理健康等方面的发展，也包括体育知识、健身知识、健康知识、人文知识、科学知识的"全面开花"，而并非只是某一方面单维度的发展。传统的体育教学追求学生在运动技术、技能的正确掌握以及身体素质、体能等方面的发展，忽视学生在学习态度、情感、心理等方面的进步。《指导纲要》明确规定了学习目标，即运动参与、运动技能、身体健康、心理健康以及社会适应五大目标的"齐头并进"，这意味着运动技术与技能目标不再是判断体育教学有效性的唯一标准。有效体育教学必须促使五大目标得到全面充分的发展，要求教师将体育教育的价值定位在人的全面发展上。所以，教师应以宽广的眼光，正确估计和衡量自己所教学科的价值，把学科价值定位在多学科上，定位在对一个完整的人的发展上。

最后，有效体育教学应唤起教学对象的主体意识。教学的有效性应该首先体现在学生的主动精神上，体现在对学生自我的主体意识的唤醒上。教育唯有唤起了学生"沉睡的自我"、揭示"洞穴中的隐喻"，才是真正有效的。正如苏霍姆林斯基所言的"最好的教育是自我教育"，① 又如第斯多惠所言

① 陈志超．新时代大学生自我教育的理论溯源、现实意义与路径选择[J]．思想教育研究，2020（7）：156.

的“教育的艺术不在于传授的本领，而在于激励、唤醒和鼓舞”。[①]教学的效益应体现在促进学生的自我教育上。特别是随着课程改革的进行，对体育教师的理念和指导思想提出更新、更高的要求，即尊重学生，关心学生，注重教学情境的创设，更好地激发学生的学习兴趣和转变学生的学习方式。

四、有效体育教学需要教师具备效益意识

体育教学效益是指体育教学活动的收益。体育教学既要有效果，使学生发生变化，也要有效益，使教学活动的效果和结果吻合教学目标，满足社会和个人的教育需求。学生健康的身心和强健的体质是体育教学的核心内容，也是当今社会对人才的要求。为了实现这个目标，体育教学必须以获取良好的效益作为目标之一。

无可厚非，体育教学要取得上述效益，需要体育教学的各个环节都安排合理、有序，而关键的前提是教师要具备效益意识。由辩证唯物主义理论可知，意识具有能动作用，且能动作用有两种不同的表现：正确的思想意识能够指导人们采取正确的行动，促进事物的良性发展；错误的思想意识会误导人们从而采取错误的行动，对事物发展产生阻碍甚至破坏作用。体育教师只有具备良好的效益意识，在体育教学实践中才能时刻以这种意识去能动地敦促自己的教学行为，反思自己的教学过程，内省自己的教学绩效，不断总结教学经验，从而逐渐提高教学效果和效益。

五、有效体育教学需要教师具备反思意识

体育教师的教学反思是体育教师专业发展的重要一环。教师在不断反思与探究的教学过程中提升了自己的专业水平和教育教学能力，这既是教师自身发展的需要，也是实现有效体育教学的需要。教师在体育教学实践中培养自觉的反思意识，形成经常反思的习惯，是有效地提高教学效果的保证之一。

体育教师的反思意识及其指导的教学活动有助于克服技术理性主义的教育观（认为体育教学只是一个传授系统，它关注并根据手段—理性的标准进行评判，体育教师基本上充当手段—目的的中介人的角色，用别人设计好的课程达到别人设计好的目标的知识传授者），有助于提高和改善体育教师的

① 邓华荣．论新课程改革条件下的体育教师素质 [J]. 体育科技文献通报，2020，28（2）：78.

主体性参与行为，为体育教师发展提供根本性动力，为提高体育教学效果奠定基础。

体育教师是体育课程有效实施的人力资源，是课程系统的重要组成部分，是体育课程资源创生和发展的重要因素之一。有效体育教学必然是一种反思性实践，有赖于体育教师持续地反思与探究。长期以来，体育教师比较缺乏理性精神和反思态度。先哲西贤苏格拉底说："没有反思的生活是不值得过的生活。"[①]在"一切为了学生"有效学习的有效教学实践中，体育教师必须具有清醒的自我意识。就课程资源的开发而言，体育教师能否成为成功的课程资源开发者，取决于其能否由"经验教学"向"反思教学"转变，能否实现由"经验教师"向"反思性实践者"的转变。但是，在现实中，体育教师的某些既有观念（知识）深深地植根于其经验、习惯、先例、意见之中，体育教师行为模式的形成与确立常常受一定"先在"观念（或知识）的导向性支配和影响，他们也很容易把自己的实践想象成习惯性的或必然的。如果体育教师不愿反思自己的教学能力及其教学实践的合理性、科学性，则其在教学实践中很可能表现出观念的僵滞和行为的滞后落伍，其实践的合理性也会降低。

反思来自自我意识的觉醒，而自我意识的觉醒产生于旧有理念导向下的实践的困惑和迷茫。仅仅一味强调体育教师某些不当教学行为的改良并不能触及观念或知识层面，不能撼动其内心意识的根基，从而很难奏效。因此，只有强调体育教师树立强烈的反思意识，强调对某些旧观念的改造更新，对某些不合时宜的行为的改良，才是有力量、有效果的。体育教师只有成为"反思性实践者"，具备了"反思设计"的意识、习惯和能力，不断追问自己的教学行为和行为背后的教学理念，体育教学才能有效、高效。

具体而言，体育教师反思的内容包括教学主体的合理性、教学工具的合理性和教学目的的合理性等，反思的时间包括课前、课中和课后，反思的步骤包括明确问题—收集资料—分析资料—构建理论假设—实施行动等，反思的方法包括课后小结、写反思日记、观摩与分析、行动研究等。

---

① 陈佳，郑归．湖南省高职院校课堂的教学反思 [J]. 湖北农机化，2020（16）：83.

第三节 有效体育教学的影响因素

一、影响有效体育教学的人为因素

教师和学生组成了课堂的主体，教师在课堂中发挥着组织、引导的作用，而学生是学习的主体，也是课堂教学的最终受益者。如何利用课堂教学有限的时间让学生获得最大的发展，需要分析影响课堂教学的人为因素，充分发挥教师的主导作用，调动学生学习的积极性，消除对教师与学生不利的因素。

（一）教师因素

1. 教学理念是否先进

体育教师的教学理念决定着教学的方向与成效，教师理念的更新需要体育教师不断学习教育教学理论，研究最新的教学动态，更新与丰富自己的知识储备，保持并强化自身的运动技能。体育教师只有具有先进教育理念，才能根据教学内容与学生特点不断变换使用适合学生的各种教学方法，不断使用各种教学手段与多变的组织练习形式以激发学生的学习兴趣，让学生喜欢体育教师，从而喜欢上他的体育课；具有先进教育理念的体育教师应认为，体育教学不仅具有传授知识与技能、发展体能的功能，还具有促进人格完善、品德发展的功能，这一理念的不同直接决定着教师的教学行为与效果。心理学研究也表明，教师的教育理念对教师的教育态度和教育行为有显著影响。因此，体育教师要想不断地更新教育理念，就必须进行不断的学习，提高自己的专业素养，以丰富的知识、精湛的技艺与完善的人格魅力来感染学生。

2. 教学设计是否以学生为基础

教学设计的内容包括很多方面的内容，教学设计合理、有效的关键是要以学生基础为准。因为每个学生都是学习中的个体，他们的基础不同、个性不同，学习态度、兴趣爱好、学习方式也就存在着个体差异。体育教师在教学设计时如果不考虑学生的实情，单凭自己的判断去设计教学，其效果当然不尽理想。因此，体育教师在教学设计之前要根据教学内容对学生进行全面了解，在充分考虑学生基础与个性特点的基础上对学生进行分层教学，做到目标分层、评价分层等，并采取有效的教学方法与组织练习形式，让学生在原来的基础上都可以获得不同程度的提高。这种以学定教的教学设计充分考虑了学生的基础，能极大地促进学生学习的有效性。

3.是否具有高超的教学技能水平

体育教师的教学技能包括很多方面，如导入技能、讲解示范技能、课堂调控技能、提问技能、学法指导技能、教学评价技能等，每一项技能水平的发挥都影响着学生学习的有效性。导入的好坏，决定着能否激发学生的学习兴趣；讲解是否清楚简练、示范是否规范标准决定着学生能否把握动作技术的要点；调控技能水平的高低决定着学生是否能在教师的引导与调控之下进行有秩序的学习等。这些教学技能都是一个合格体育教师的基本要求。这就需要体育教师分析自己的特点与教学风格，明确自身不足，根据自身情况在平时的教学工作中不断完善，磨炼自己的教学技能，改善自己的教学行为，提高教学水平，削弱因教学技能不足给课堂教学带来的不利影响。

（二）学生因素

1.优化学习目标

学生学习都应该制定切合自身实际的学习目标，体育学习同样如此，且体育学习目标的制定需要体育教师的指导与帮助。以足球教学为例，学生可根据自己的运动能力与技术水平制订如下目标：进一步提高自己踢球的技术水平，提高踢球的准确度，加强教学比赛的整体作战水平，能灵活运用基本战术，本学期技能与体能考核达良好以上水平。有了学期目标后，再根据每堂课的学习内容制定每堂课的小目标，要能基本完成课堂教学任务。在执行教学目标的过程中，学生要不断了解达成情况，不断修正、优化教学目标，这样每堂课都有学习目标，有了目标就重点抓执行、抓过程，上课也就会全身心投入了。

2.端正学习态度

学生在体育学习时都怀有一定的学习动机与期望，这种动机与期望决定着学生的学习态度。有的学生认为，体育很重要，能学习到促进自身成长的知识与技能，能增强体质、促进健康，所以其学习态度积极、认真，参与度高，能听从教师指导，并认真练习，学习效果好；有的学生认为，体育是小学科，学不学好无所谓，所以其学习态度消极，行动上表现为无心学习，与学习无关的事情就会层出不穷，如做小动作、与同学打闹等；对于课堂上出现的学生学习态度问题，体育教师要重视并加强引导，进行思想教育，让他们明确体育学习的重要性。对于学生不正确的学习态度，教师重在查找不积极的真正原因，了解学生的真正想法，走进学生的内心世界，站在他们角度去考虑问题，只要激发他们内在动机，端正学习态度，学生的学习积极性就会大大提高。

3. 选择合适的学习方式

教师的教学方式决定着学生的学习方式。体育教师要想让学生采取有效的学习方式，就必先了解学生的个性特点与学习基础。有的学生喜欢自主学习，有的学生喜欢合作学习，有的学生喜欢探究学习，无论哪种学习方式，教师都要根据教学内容的难易程度与学生实际引导学生采取合理的学习方式，那种教师讲解示范、学生机械练习的学习方式未必适合每个学生。教师可在引导、提示的基础上让学生自由选择喜欢、合适的学习方式，这样才最为有效，因为合适的才是最好的。学生采取了自己喜爱的学习方式，在探究的或合作的过程中，他们会体验到许多意想不到的乐趣，这种体验是教师教授所不能达到的，失败时他们会总结教训，成功时他们会积累经验，而这种体验与感悟是知识与技能之外最重要的东西，同时也是对学生情感与价值观的培养。

二、影响有效体育教学的环境因素

（一）自然条件因素

自然条件指一个地区天然的、非人为因素改造成形的基本情况。影响体育教学效果的自然因素主要包括地域因素和气候因素。

1. 地域因素

地域对于体育教学的效果有较大影响，特别是对于某些地方性项目而言，这种影响可能会更大。例如，南方地区开展北方地区的传统项目，如滑冰，或者北方地区开展南方传统项目，如游泳，在师资、场地、设施、对运动项目的认识和理解、运动氛围的营造方面都可能会与原地有较大差异，不是“原汁原味”，甚至“变相走味”，造成“橘生淮南则为橘，生于淮北则为枳”的后果，增加正确掌握技能的难度，影响教学效果。

2. 气候因素

气候条件是影响体育教学效果的一个重要因素。体育与健康教育是一门比较特殊的学科，体育教学的过程大部分是在室外完成的，体育教学的内容和形式经常受到气候条件的影响和制约。

虽然，一般学校体育课通常都安排在上午10点以后及下午阳光充足的时间段，但是，自然环境中的气温、气压等因素的变化对体育课中学生的生理、心理等因素都有一定的影响。如果是炎热的季节，阳光中的紫外线辐射也是最强烈的，在这样环境下，体育课必然受到影响，学生可能会出现注意力不集中、练习疲惫、表情淡漠、练习兴趣下降等问题，甚至可能会造成中暑、痉挛等热伤害；而如果在寒冷的季节，也会给学生的练习带来诸多不便，如骨骼肌的黏滞性增大，关节韧带僵硬、伸展性和弹性下降，肌肉、关节、韧带易于受伤。此外，气压的变化对人体也有明显影响，在高气压时，容易增加心脏的压力，抑制机体充分有效地活动；在风速大、沙尘飞扬等恶劣气候环境中运动，容易引起呼吸道等疾病。在室内体育教学场所时，如果上课时班级多、学生多，不可避免地将产生一些灰尘，造成相互干扰，既影响了教学效果，也影响了学生健康。如果在炎热的季节中进行运动而且缺乏良好的通风条件下，其污染的环境可引起学生心率较快、呼吸短促、易疲劳、耐力差等症状，这不仅有损学生的身心健康，还影响教学效果。

（二）体育教学环境

教学环境是指与教学有关、影响教学并通过教学影响人的（师生）因素的总体。从广义上讲，社会制度、科学技术、家庭与社区条件等都属于教学环境。从狭义上讲，主要指影响学校教学活动的物质、心理环境，如校园、各种教学设施、各种规章制度、校风、班风、课堂教学气氛及师生人际关系等。良好的教学环境是按照一定的目的和需要而专门设计和组织的一种特殊环境，它比其他环境因素更易集中、一致，系统地发挥作用。加上教师可以根据教学活动需要对教学环境做出及时和必要的调控，有利于提高教学效果。

良好的教学环境也有助于学生加深和扩大其对所学知识的理解。教学环境直接影响学生学习的热情、乐趣和兴趣。学习气氛浓厚、相互适当竞争和合作的环境可以激发学生的学习热情和学习兴趣。优良的教学环境可以促进学生学习的主动性和积极性，能提高学生的学习需要，在一定程度上对学生的学习产生压力，这就促使学生主动积极地去学习，从而提高学习效果。

体育教学环境是指与体育教学有关、影响体育教学并通过体育教学影响人（师生）的诸多客观条件和力量的总和。

1.体育教学的物质环境

巧妇难为无米之炊，体育教学要取得良好的教学效果，就必须以充足完备的教学场馆器材作为保证条件。器材的准备是体育课堂运动量与运动密度的基本保证，也是上好课的必不可少的条件之一。如果场馆设备不充足，大多数教学内容都可能无法顺利实施，教师只能选择对场地器材要求不高的项目进行教学，或者在选择对场地器材要求较高的项目教学时，也在实施过程中打了折扣，影响了教学效果。

2.体育教学的人文环境

体育教学活动中的人文环境是能够激发学生主动参加体育教育活动，积极自觉地进行身体锻炼的活动氛围，如体育课堂的合理安排和布局、学校组织的各种体育活动、各种体育竞赛活动、与社会的交往，体育学习风气，社会信息、社会经验及良好的体育校风等。它主要包括人际心理环境、情感环境和文化心理环境三个子环境。其中，人际心理环境是指教学中的人际关系状况，它是由学校内部的各种人际关系，如师师关系、师生关系、生生关系等构成的一种特殊的社会环境。良好的人际关系是创建体育教学心理环境的重要前提，也是体育教学成功的关键；情感环境是指师生个体之间的情感状况。教学过程在很大程度上也是情感交流的过程，良好的情感环境有利于顺利完成体育教学任务，达成体育教学目标，提高教学效果；文化心理环境是指师生的道德价值观念和行为准则，在教学过程中主要表现为教育价值观和品德观。良好的文化心理环境能够为体育教学提供正确的导向作用。

3.同场上课班级数量的多少

同场上课的班级数量对体育教学的效果有重要影响。一方面，班级越多，各班分配的场地面积相对减少，活动区域相对减少，这对一些对场地空间要求较大的项目来说，肯定会带来不利影响；另一方面，班级越多，相互活动导致的相互干扰也会更加强烈，分散学生的注意力，学生出现分心、走神的机会也会增多，影响到教学效果。有些市区学校由于建校较早，场地有限，常常几个班相邻而分布，有些班级甚至分布在教学楼几米之外，相互干扰。所以，在教学时，教师应该根据课堂的实际情况，注意同场上课班级的相互影响并尽量避免干扰。

第四章　基于有效教学理论的高校体育课程教学资源的开发与利用

第一节　体育课程资源的基本认知

一、体育课程资源的概念

（一）课程资源的概念

课程资源也称教学资源，就是课程与教学信息的来源，或者指一切对课程和教学有用的物质和人力。课程资源的概念有广义和狭义之分。从内涵上看，广义的课程资源指有利于实现课程目标的各种因素，狭义的课程资源仅指形成课程的直接因素来源。

广义的课程资源既是知识、信息和经验的载体，也是课程实施的媒介；是具有教育价值的，是能够转化为学校课程或服务于学校课程的各种条件的总和；是指可能进入课程活动，直接成为课程活动内容或支持课程活动进行的一切物质和非物质；是指在课程实施过程中对学生进行学校教育的一切素材；是指广泛蕴藏于学生生活、学校、社会、自然中的，所有有利于课程实施，有利于达到课程标准和实现教育目的的教育资源；是课程系统物质、能量和信息等结构元素的源泉，是课程实施中富含潜能的内容系统和活动支持系统，我们通常所说的课程资源是指广义上的课程资源。

狭义的课程资源是形成课程因素来源必要而直接的实施条件，是课程设计、实施、评价等整个课程编制过程中可以利用的一切人力、物力以及自然资源的总和，包括教材以及学校、家庭、社会中所有有助于提高学生素质的各种资源。

（二）体育课程资源的概念

从对课程资源概念的分析中可见，对体育课程资源的理解至少应包含以下几层意思：

（1）体育课程资源是指有可能进入体育课程活动，直接成为体育课程活动内容或支持体育课程活动进行的、无形与有形的一切因素，是学校教育资源的重要组成部分。

（2）体育课程资源是保证体育课程目标实现和体育课程顺利实施的基础，同时也是体育课程因素的天然来源和体育课程实施的条件。

（3）体育课程实施的范围和水平不仅取决于体育课程资源的丰富程度和拓展广度，还取决于体育课程资源的开发和利用效率。

（4）虽然体育课程资源是潜在形态的课程，但没有体育课程资源就没有体育课程存在，没有宽阔而开放的体育课程资源做根基，就没有动态生成的现代体育课程。

二、体育课程资源的特点

（一）丰富多样性

在实际的教育教学过程中，可以开发利用的体育课程资源是多种多样的，它不仅仅是教材，也不仅仅局限于学校内部。体育课程资源涉及学生学习与生活环境中所有有利于课程顺利实施，有利于达到课程标准和实现教育目的各种因素，因而具有广泛多样的特点。

（二）价值潜在性

一切可能的体育课程资源都具有潜在的价值性的特点。有相当一部分体育课程资源在体育课程设计之前就已存在。其具有转化为体育课程实施的可能性，但还不是体育课程实施的现实条件。它们往往体现出一种潜在的价值，只有经过一定形式的开发、利用和转化后，才能成为有利于体育课程实施的基本条件。

（三）具体性

体育课程资源有着具体的特点，表现在以下几方面：在不同的地域，可开发利用的体育课程资源不同；在不同的文化背景下，人们的价值观念、道德意识、风俗习惯、宗教信仰具有各自的独特性，相应的体育课程资源亦各具特色；学校的性质、规模、办学条件等的不同，其可以开发利用的体育课程资源也不尽相同；学生个体的家庭背景、身心发展水平、生活经历的不同，可供开发利用的体育课程资源必然也是千差万别的。

（四）功能多元性

同样的体育课程资源具有不同的用途、价值与功能，可以用于实现体育课程的不同目标。例如，学校附近的山峦既可用于学生进行体育锻炼的场地，又可以用于对学生进行野外生存教育等。教师要注意善于挖掘体育课程资源的多种利用价值，化腐朽为神奇，使体育课程资源的潜在价值得以充分发挥。

三、体育课程资源的分类

关于体育课程资源的分类，目前的研究非常少。《体育与健康课程标准（实验稿）》（以下简称《课程标准》）中虽未明确对体育课程资源进行系统分类，但却指出，“体育与健康”课程资源的开发与利用应从人力资源的开发、体育设施资源的开发、课程内容资源的开发、课外和校外体育资源的开发、自然地理课程资源的开发和体育信息资源的开发等几方面着手进行。

（1）在人力资源开发方面，《课程标准》中指出了许多人力资源，如班主任、有体育特长的其他科任教师、校医、社会体育指导员、家长等以前没有利用到的资源。

（2）在体育设施资源的开发中，课程标准中主要从五方面进行阐述：①发挥体育器材的多种功能；②制作简易器材；③改造场地器材，提高场地利用价值；④合理布局学校场地器材；⑤合理使用场地器材。

（3）在课程内容资源的开发方面，《课程标准》明确提出了体育与健康课应注意对现有运动项目的改造，对新兴运动项目的引进以及对民族、民间传统体育资源的开发。

（4）在课外和校外体育资源的开发方面，《课程标准》主要从课外体育资源和校外体育资源的开发方面进行了阐述。

（5）在自然地理课程资源的开发方面，《课程标准》主要从利用地域特点及季节特点等自然环境着手进行了举例说明。在体育信息资源的开发方面，《课程标准》只做了较为简单的阐述。总之，对于课程资源的分类，从不同的角度出发有不同的分类方法。

第一，按课程资源的存在方式进行划分，体育课程资源可以分为有形课程资源和无形课程资源。有形课程资源包括教材、教具、场地、器材设备、自然环境等有形的物质资源。无形课程资源是指以潜在的方式对教育教学活动施加影响的课程资源，其范围更广，可以包括学校的体育传统和风气，家庭的体育习惯和爱好，师生的关系，学生已有的体育知识、运动技能和运动经历，家长的支持态度和能力等。有形的体育课程资源可以直接成为体育课程教学的便捷手段和内容，相对易于开发和利用。而无形课程资源作用方式具有间接性和隐蔽性的特点，它们不会对体育课程教学产生直接影响，所以无形体育课程资源的开发和利用相对难些，需要付出更多的努力。

第二，按课程资源的功能特点进行划分，课程资源可以分为素材性课程资源和条件性课程资源。素材性课程资源包括体育知识、运动技能、经验、教学方法、体育活动方式、情感态度、价值观以及培养目标等方面的因素；条件性课程资源包括直接决定课程实施范围和水平的人力、物力和财力，如时间、场地、器材设备和自然环境等因素。素材性课程资源的特点是作用于课程，并能成为课程素材或来源；条件性课程资源的特点是可以作用于课程，但不是课程本身的直接来源，它很大程度上决定着课程实施的范围和水平。

第三，按课程资源空间分布不同进行划分，课程资源可以分为校内课程资源、校外课程资源和网络化资源。校内课程资源主要包括本校教师、学生、体育场馆、教学挂图、模型、录像片、投影片、幻灯片、电影片、录音带、VCD、教科书、参考书以及其他各类教学设施等。校外课程资源主要指公共体育场馆、体育器材设备、家长、校外体育专家、体育社会指导员、其他学校和单位的体育设施、社区组织、电视广播、报纸杂志等广泛的社会资源及丰富的自然资源。网络化资源主要指多媒体化、网络化、交互化的以网络技术为载体开发的校内外资源。

上述三种类型的划分都有其理论依据，大多是学校在课程改革的实践中摸索总结出来的经验。但只要是便于学校对课程体育资源的开发和利用，采用何种方式划分都有其合理性。总体上说，三种课程资源的划分都能够反映课程改革的实际。但目前一些研究者和学校有将课程资源无限扩大的倾向，这值得我们认真加以研究。课程资源如果被过于宽泛地界定，反而可能造成学校开发和利用课程资源的困难。学校自身建立起对课程资源比较合理和科学的观念，有助于课程资源得到合理的拓展和整合，从而对课程实施产生实效。

四、高校体育课程资源存在的基本状态

（一）现实存在并已开发的体育课程资源

这类课程资源是形成体育课程因素基本来源。主要包括体育教师、学生、体育课、体育教材、各种参考书、教学大纲、教学计划、教学进度、教学器材、校内体育场地设施、早操、课间操、课外体育活动、运动队训练、校内运动会与各种体育竞赛、体育夏（冬）令营等。

（二）已开发待利用的体育课程资源

这类课程资源价值的发挥必须通过体育课程实施、师生的互动和交流才能体现。当前由于教学方式和场地及设备条件等的限制，很多课程形态未能进入课程实施阶段，造成体育课程资源的闲置和浪费。例如，对现有体育运动项目的适度改造；对新兴和民族、民间传统体育项目的利用开发；科学合理编排体育课表；合理布局和使用场地器材；发挥体育器材的多种功能；一些优秀体育教师的教学录像带、光盘、课件、论文论著等，大都尚处于闲置状态。只有对这类课程资源进行合理的管理和有效的利用，才能使其发挥最大效益。

（三）现实存在但未开发利用的体育课程资源

这类课程资源是指已经具有课程潜能的那部分资源，它是体育课程资源的直接的存在形态。例如，校内外有体育特长的班主任、辅导员、校医、社会体育指导员、家长、学生骨干等；校外体育馆、健身中心、康复中心等；大型运动会、体育节、社区体育、家庭体育等；图书馆、博物馆、科技馆等；利用广播、电视、网络等获取体育信息，观赏体育比赛，并充实更新体育课程内容；利用江河、湖海、荒原、丘陵、森林、田野、高山、海滩、河滩等开展安全有益的野外生存、生活方面的教学与训练以及各种体育活动。这类资源易于开发，效果明显，只要在体育课程实施中合理开发利用，就会很快

地转化为体育课程组成部分和课程实施的条件，发挥其课程价值。

（四）潜在的体育课程资源

所谓潜在的体育课程资源，是指体育课程资源的课程功能处于潜在状态，而不是资源本身处于潜在状态。这类体育课程资源隐含在历史与现实的维度上和有形与无形的教育资源、社会资源中，不具备直接的、显性的课程价值，需要主体在开发利用中进行合理有效的赋值与命定，即只有赋予并提升其课程潜能，才可能进入显在课程资源领域，再经过开发利用转化为现实课程的组成部分和实施条件。关键在于课程主体能否对其赋值，赋予其什么意义及何种程度的课程潜能，如校风校貌、学校的体育氛围及体育文化氛围、学校的体育传统、学校的体育规章制度、班级的体育风气、体育教师的素养、师生关系的和谐及合作程度学生的敬业精神和团队精神、体育场地设施的布局与感染力、有体育特长的教师和学生的感召力与影响力等。

（五）待创生的体育课程资源

从总体上看，体育课程资源应在时间、空间和主体的三个维度中把握。除横向外，从纵向上看，则有历史、现实和未来三个时间段的体育课程资源，也就是说，还应该有现实中还没有的、未来意义上的需要经过主体赋值的课程资源，即待创生的体育课程资源。

这类资源是主体依靠自身的智慧在一定的时间、空间条件下创造的。与体育课程教学有关的人员可以创生体育课程资源，其他人员也可以创生体育课程资源，只是需要课程资源开发利用者主观地进行命定和筛选，并把创生的资源合理有效地运用到课程及课程实施中去，如开发体育远程教育资源、创立新兴运动项目等用于课程教学与训练。

第二节　体育课程资源开发与利用的目标、原则与范围

一、体育课程资源开发与利用的目标

体育教学课程资源的开发与利用不仅仅是教学内容和方法上的变革，更重要的也是人本身的变革。学校教育的根本目的和功能就是促进人的发展，因此在体育教学课程内容的开发上，学生就成为其改革的主要出发点和归宿。通过对体育教学课程资源的开发与利用，对学生的运动兴趣和能力进行有效培养，学生的身体、心理健康水平和社会适应能力能得到有效发展。下面对体育教学课程资源开发与利用需要实现的几个具体目标进行简要叙述。

（一）满足学生需要，促进学生发展

满足学生的体育需要、促进学生身心健康是体育教学过程中的首要目标，同时也是体育教学课程资源开发中的首要目标。在进行体育教学课程资源的开发与利用时，只有以满足不同学生的体育需要为前提，才能让学生更好地接受。学生在体育方面需要学习的知识很多，远非体育课程所能包揽的，因而必须在可能的体育教学课程资源范围内，在考虑开发成本的前提下突出重点，精心选择那些对学生终身发展具有决定意义的体育教学课程资源，使之优先得到开发与利用。

体育教学课程资源的开发与利用要使学生由被动地学走向主动参与、主动探索，从而真正学会学习。为学生提供丰富的、多姿多彩的体育教学课程资源，重在不断培养学生独立学习的意识、习惯和能力。体育教师也要充分利用体育教学课程资源开发过程中的各种有利因素，提高学生探索问题、分析问题、解决问题以及合作学习等方面的能力，使他们能够创造性地利用各种体育教学课程资源，为自身的体育学习和实践及其他探索性活动给予更多的服务。

（二）提高教师课程开发与利用的认知能力

在进行体育教学课程资源的开发与利用时，提高体育教师对新体育教学课程资源的认知能力也是一个重要目标。体育教师对体育教学课程资源开发与利用的认识和理解，将会对他们开发体育教学课程资源的主动性和积极性产生直接的影响，也会对开发与利用的质量和效果产生较大的影响。因此，体育教学课程资源的开发与利用可以使体育教师对体育教学课程资源的认识不断深化，逐步提高体育教师对体育教学课程资源的认知能力。

（三）丰富体育教学课程内容体系

在以往的体育教学课程内容体系中，大多是在体育教学大纲和体育教材所规定的范围内建立的，像一些新兴运动项目、学生的经验等一般是不会成为体育教学课程内容的。而在新的体育教学课程内容的开发与利用中，就需要对这种局面进行一定的改变。充实体育教学课程内容体系也成为体育教学课程资源开发的一项基本任务。

实际上，体育教学课程资源的丰富性和多样性为体育教学课程资源的进一步开发与利用提供了前提条件。体育学科专家、体育教师、学生等多个主体以及国家、地方和学校多个层面，全方位、多角度地进行体育教学课程资源的开发与利用，使各种新颖有趣、适应性强的体育教学课程资源不断转化为新的体育教学课程内容；使体育教学课程内容的范围在原有的基础上不断拓展、不断丰富，逐步形成具有中国特色的体育教学课程内容体系；使拓宽后的体育教学课程内容能够为学生选择学习、发展个性提供更加广阔的空间，为实施素质教育、提高体育课程教学的质量和效果打下基础。

（四）开展特色教学，增强新内容的适应性

在开发与利用体育教学课程资源的过程中，必须致力于形成各个学校的体育教学特色，并要提高新体育教学课程内容在学校教育中的适应性。不同学校，其学校性质、办学条件和教育理念、学生的发展基础等实际情况都会存在一定差异，在其拥有的体育教学课程资源的数量、性质和具体结构等方面也会有所不同。因此，教师在开发与利用时，不能只追求体育教学课程资源的统一性，还要努力保持不同地域间学校的体育教学课程资源的丰富多样性，把各个学校的不同的体育教学课程资源变成特色资源来进行开发与利用。只有形成特色，才能使一个学校的体育教学课程资源开发具有旺盛的生命力。

二、体育课程资源开发与利用的原则

体育教学课程资源的开发与利用需要遵循一定的原则，在此主要对开放性原则、针对性原则、时代性原则、合作互补原则进行简要分析。

（一）开放性原则

开放性原则是指体育教学课程资源的开发与利用要打破时间、空间、学科、领域、途径的界限，尽可能开发利用有益于体育课程实施活动的所有体育教学课程资源。

开发与利用体育教学资源要解放思想，不能局限于条条框框的限制，要打破时间、空间、学科、领域、途径的界限，要保持开放性的心态并遵循资源开发与利用的开放性原则，尽可能地开发利用有益于体育课程实施活动的所有体育教学课程资源。体育教学本身作为一种开放的、不断变化的系统，其内容资源的开发同样要注意遵循开放性原则，具体来说，包括以下几个方面：

1. 系统的开放性

在进行体育教学课程资源开发与利用时，要统筹全局，从本校的宏观体育教学系统出发，充分利用该系统内的各种教学资源和其他为教学服务的资源，还要打破体育系统的界限。

2. 学科的开放性

体育教学课程资源的开发与利用要打破整个体育系统的界限，加强体育学科与其他学科的交流与合作，使体育教学更加丰富、立体化，使体育教学课程内容更加综合和全面。

3. 时间的开放性

时间的开放性指的是体育教学课程资源的开发与利用应该打破时间的界限。

4. 空间的开放性

空间的开放性是指体育教学课程资源无论是校内的还是校外的，中国的还是外国的，农村的还是城市的，不同民族或地区的，都可以进行开发与利用。

5. 途径的开放性

具体来说，体育教学课程内容的开发与利用途径要多样化。高校体育教学工作者和体育教师要开拓思维，开创条件，利用一切方法和手段，开发体育教学课程内容，优化体育教学课程内容。

（二）针对性原则

针对性原则是指要针对体育教学目标，从学生、体育教师、学校的特点和实际出发进行体育教学课程资源的开发与利用。

1. 针对体育教学目标

要对不同特定的体育教学目标，开发不同的体育教学课程资源；同时应该针对体育教学目标对各种资源进行比较与分析，以便能开发出适应性相对较强的体育教学课程内容。

2. 针对学生的特点

在体育教学开发与建设上，要坚持“以学生为主体”的指导思想，提高学生的生理和心理发展水平，培养学生的体育兴趣与爱好，增强学生已有的体育学习基础和能力。

3. 针对体育教师特点

体育教学资源的开发与利用必须充分考虑本校体育教师的教育思想、教育理念、教学经验、知识基础、专业水平、特长等特点。

4. 针对学校的特点

由于不同学校的实际情况不同，如学校的性质、任务、地理位置、自然环境、历史传统、办学宗旨、培养目标、师生结构、校风校纪、校容校貌、场地、器材、设备等都存在不同程度的差异，因此在开发与利用体育教学资源时，要充分考虑上述因素。

（三）时代性原则

时代性原则也是体育教学课程资源在开发与利用时所必须遵循的一项基本原则。这一原则有两个方面的含义。

1. 要考虑社会需求

当今社会，政治经济发展迅猛，科学技术不断进步，人们的生产生活也在不断地发生着变化，“现代文明病”困扰着人们的身体健康，人们迫切希望通过体育强身健体，远离疾病。因此，在开发与利用体育教学课程资源时，必须充分考虑这一社会需求，尽可能开发锻炼价值高、实用性强的体育教学课程内容。

2.要体现出鲜明时代特征

随着时代的发展，不断地出现新的娱乐、健身、休闲的手段，所以，体育教学课程资源的开发与利用应考虑学生走向社会后的各种需求，体现出时代性。

随着社会的不断发展和现代科学技术的日新月异，人们的生产方式和生活方式发生了巨大的变化。人们在享受发展成果的同时，也受到了一定的危害，尤其是在人们的身体健康方面，面临着严重的威胁。因此，教师在对体育教学课程资源进行开发与利用时，也必须要满足这一需求，尽可能开发出锻炼价值高、实用性强的体育教学课程内容。

（四）合作互补原则

合作互补原则是学校开发与利用体育教学课程资源的重要原则，要求体育教学工作者多层面、多角度地考虑问题，满足不同主体的体育需求，利用教学设计者、教师、学生、体育后勤工作人员等不同人的不同优势和特长来丰富体育教学课程内容并进行有效利用。总之，要有效利用一切外来资源，共同提高体育教学课程资源开发的质量与效果。

合作互补原则是体育教学课程资源开发的重要原则。体育教师要对一切可用的外来资源进行有效利用，以此来提高体育教学课程资源开发的效果。

三、体育课程资源的开发与利用

体育课程资源包括知识资源、经验资源和身体练习资源。针对不同资源进行不同的开发与利用。

（一）知识资源

由于体育课程内容的知识资源主要来源于体育学科的知识体系，因此体育课程内容知识资源的结构与体育科学体系的结构有着非常紧密的联系。

关于体育科学体系结构，当前主要有五种不同观点：一是认为体育科学体系由体育社会科学学科、基础学科和运动学学科三大部分组成；二是认为体育科学体系可分为自然科学类、人文科学类和管理科学类；三是认为体育科学体系是研究人体运动规律的科学，它研究的是体育科学、工作、人及其关系，因此可以根据体育科学研究的对象来划分体育科学体系的结构；四是认为体育科学体系可以分为体育基础学科、体育技术学科和体育应用学科三大类；五是将上述方法结合起来进行分类等。尽管没有较为一致的观点，但比较明确的是，体育学科所覆盖的范围基本上包括了社会、自然、人文、管理以及体育运动的专项技术等方面的内容。从体育课程的特点来看，其内容所涉及的主要是体育、运动和健康等方面的知识，而这些知识中又不同侧面、不同程度地涉及体育与健康方面的科学、社会和人文等方面的知识。为了便于理论研究与实践运用，可以将体育课程内容知识资源分为三大类，即体育基本理论知识资源、运动项目知识资源和健康知识资源。

1. 体育基本理论知识资源

体育基本理论知识资源主要涉及体育的一些基本原理方面的知识，其主要来源于体育人文和社会学方面的学科知识，如体育概论、体育史、体育文化学、体育经济学、体育法学、体育伦理学、体育美学、社会体育学、体育心理学、体育管理学、学校体育学、奥林匹克运动、比较体育学、体育人才学以及体育情报学等学科。具体包括体育的起源、概念、目的、意义、功能，体育的发展历史，体育的手段、内容、方法，体育与社会发展的关系，体育与人的发展的关系，体育锻炼的基本原理，奥林匹克运动以及国际体育组织等内容。

2. 运动项目知识资源

运动项目知识资源主要涉及各个运动项目的基本理论知识，如各运动项目的运动技术、战术原理、术语、概念、场地器材、比赛规则、裁判方法、竞赛组织方法、训练方法等，其主要来源于各个专项技术学科的知识，如田径、体操、篮球、体育舞蹈、冰雪运动、游泳、武术、龙舟等，以及一些体育自然科学学科的知识，如运动生物力学、运动生物化学等。由于运动项目数量庞大，这方面的知识资源非常丰富。

3. 健康知识资源

体育课程所涉及的健康知识主要有三个基本来源：一是体育自然科学学科方面的知识，如运动解剖学、运动生理学、运动保健学、学校卫生学、体育测量与评价等；二是医学学科方面的知识，如卫生学、保健学、营养学、体质测量与评价学、中医学等；三是心理学方面的知识。世界卫生组织对健康的定义如下：健康不仅是没有疾病，还包括身体健康、心理健康、社会适应良好和道德健康。根据此定义划分，又可以将健康知识分为身体健康知识、心理健康知识，社会适应知识和道德健康知识。

（二）经验资源

学生经验的获得与生活环境，即自然环境和社会环境是密不可分的。在社会环境中，家庭、社区和学校对学生经验的形成有着非常重要的影响。体育课程所涉及的学生经验资源大致包括学生的家庭生活经验资源、社区生活经验资源和学校生活经验资源三个方面。

1.家庭生活经验资源

家庭是社会的“细胞”，对学生的成长起着非常独特且重要的作用。在家庭中，父母与子女的关系构成了家庭教育的逻辑起点。家庭生活的点点滴滴无时无刻不影响着学生的人生观、价值观以及各种经验的形成。学生的家庭生活经验是多方面的，与体育课程有关的经验主要表现在以下三个方面：

（1）家庭游戏、娱乐及运动设备使用经验。学生的家庭游戏、娱乐及运动设备主要有计算机、视听设备（如电视机、影碟机）、照相机、乐器、各种玩具、运动器材（如篮球、羽毛球、足球、飞镖、滑冰鞋、滑板、健身器、跳绳）等。不同家庭背景（如经济条件好的家庭和经济条件差的家庭），学生在拥有这些游戏、娱乐及运动设备的数量、种类等方面都是不同的，这也就决定了他们在使用这些设备经验上的差异性。在学校中，具有使用过这些设备经验的学生比那些没有使用过这些设备经验的学生在从事相同或相近的游戏、娱乐及运动等活动时，能够更快地进入学习状态，并能够很好地掌握学习的内容。

（2）学生个人游戏、娱乐及运动活动经验。一方面，学生在家庭中有自己相对独立的时间和空间，在这个相对独立的时空中，学生有时会独立地进行各种各样游戏、娱乐和运动等活动，如看电视、玩游戏、打篮球等。特别是独生子女，他们可能拥有更多独立的时间和空间。对于学生而言，一定的个人游戏、娱乐及运动经验是必需的，这对帮助他们养成在游戏、娱乐及运动等活动中独立思考、独立操作等方面的能力具有积极意义。但另一方面，学生所具有的个人游戏、娱乐及运动经验有时会使得他们在一些集体活动中变得茫然、不知所措。特别是在体育课中，大多数时候都需要学生与学生之间相互交流、相互配合来完成各种学习任务，这时他们所拥有这种个人游戏、娱乐及运动经验往往会变成他们完成学习任务的障碍。因此，教师在开发学生的这方面的经验时，一定要注意因势利导。

（3）家庭成员共同游戏、娱乐及运动活动经验。家庭成员共同进行游戏、娱乐、运动等活动是交流感情、活跃家庭气氛的重要形式和手段。随着社会的发展和人们物质生活水平的不断提高，进行游戏、娱乐及休闲运动等活动也逐渐成为家庭业余生活的主要内容。学生在与各个家庭成员共同参与游戏、娱乐及休闲运动等活动中扮演着不同的角色，也有着不同的体验。在这之中，学生不仅积累了各种游戏、娱乐及运动等活动经验，还获得了与人交往的经验，这些经验对学生来说是非常宝贵的。

2. 社区生活经验资源

社区是指进行一定的社会活动，具有某种互动关系和共同文化维系力的人类群体及其活动区域。社区为人们提供了社会交往的组织空间和地理的活动空间，人们的日常生活大都是在一定的社区范围内进行的，社区对人的思想观念、行为规范、生存和发展等方面有着重要的影响。社区同时也是学生生活的重要空间，他们在社区的活动是丰富多彩的，社区生活经验构成了其经验的重要组成部分，具有非常重要的开发与利用价值。可以作为体育课程内容资源开发与利用的学生社区生活经验主要有以下四个方面：

（1）社区娱乐、游戏和运动环境经验。每个社区都有一定的娱乐、游戏和运动环境，既包括了自然环境，如阳光、森林、湖泊等，也包括了娱乐、游戏和运动的物质环境，如体育场馆设施、娱乐活动中心、公园的设施以及运动器材等。这些娱乐、游戏和运动环境对学生娱乐、游戏和运动经验的形成具有重要影响。学生在与这些环境的接触过程中不仅知道了各种环境的功能、特点及使用方法，还积累了大量如何适应这些娱乐、游戏和运动环境的经验。

（2）社区娱乐、游戏和运动活动经验。随着社区组织与功能的不断完善，过去“单位”的许多功能逐渐被社区所取代。社区内的游戏、娱乐和运动活动开展得越来越普遍，这使学生有了更多参与社区娱乐、游戏和运动活动的机会。在社区活动中，他们的体能不断增强，运动技能不断得到提高以及心理品质不断得到磨炼。而且，各个社区所开展的娱乐、游戏和运动活动有着各自的特色，这使得不同社区的学生在参与社区游戏、娱乐和运动活动过程中所积累的经验也各具有特色。同时，在参与社区游戏、娱乐和运动活动中，学生与社区的其他成员之间是互动的，主要表现在两方面：一是社区的其他成员在游戏、娱乐和运动活动中对学生起着指导作用；二是学生在社区游戏、娱乐和运动活动中也起着骨干作用，有些学生甚至还充当了“小老师”的角色。这个互动的过程对学生游戏、娱乐和运动经验的生成、积累是非常有益的。

值得提出的是，当前社区的娱乐、游戏和运动活动出现了一些可喜的新动向。例如，在一些经济条件较好、体育基础比较好的社区，各种各样的社区运动俱乐部开始发展起来，很多学生也参加了俱乐部的训练、比赛等活动。另外，有些社区利用寒暑假专门为学生举办各种形式的体育夏（冬）令营活动等。这些新的社区娱乐、游戏和运动形式给学生提供了更多参加社区娱乐、游戏和运动活动的机会及更大的选择余地。学生参加这些社区娱乐、游戏和运动活动所获得的经验对体育课程内容资源开发与利用具有很重要的意义。

（3）社区文化活动经验。社区的文化活动是丰富多彩的，有节假日组织的各种文艺表演和比赛，也有各种民间和地方特色的文化活动，如春节和元宵节的舞龙、舞狮、采莲船、放焰火、庙会、灯会，少数民族的节日庆典活动等。学生在参加和欣赏这些文化活动的过程中不仅可以了解和学习文化活动的一些技能，还能形成大量社区文化活动的经验，成为开发地方或地域民族特色的体育课程内容资源的重要基础。

（4）社区交往经验。社区人员的构成远比家庭成员的构成要复杂得多，社区内有着各种各样的成员——教师、学生、工人、农民、公务员、医生、律师、企业家、运动员等，他们从事着各种不同的职业，也有着不同的社会背景。学生在社区的日常生活和各种活动中都要和不同的人员进行交往，和社区的成员进行沟通，不断积累各种交往的经验。这些经验不仅为学生在学校生活中的交往奠定了基础，还加速了他们社会化的过程。

3. 学校生活经验资源

学校生活是人生必不可少的重要阶段，学校教育为个体的成长奠定了基础。学校环境和各项活动是按照教育活动的需要为实现育人的目标而组织起来的，因此学校生活本身具有很强的教育意义。对于学生来说，由于学校生活的时间非常长，因此学校生活经验对他们的成长有着重要的意义。可以作为体育课程内容资源开发与利用的学生学校生活经验主要有以下四个方面：

（1）学校娱乐、游戏和运动环境经验。学校娱乐、游戏和运动环境主要包括三个方面：一是学校内的自然环境，如校内的湖泊、山丘、沙滩等；二是学校娱乐、游戏和运动的物质环境，如运动场、运动馆、游泳池、活动中心、各种运动器械等；三是学校娱乐、游戏和运动的制度环境，如学校的传统与风气、学校体育的规章制度、校风和学风等，其是学校精神中最成熟且达成共识的层面。这些风尚形成于学校既有的故事中，并不断得到修改、积淀和完善，再成为明确的条文规定张贴在学校的建筑上，成为学校风尚的象征性符号，是学校师生共同的精神财富。学校的娱乐、游戏和运动环境是学校教育环境的重要组成部分，其本身就是专门为学生而购置、设计、建立的，不仅能够满足学生开展各种娱乐、游戏和运动活动的需要，还能使学生在其中受到校园体育运动文化的感染与熏陶。利用这些环境在课内外所开展各种娱乐、游戏和运动等活动是学生学校生活的重要内容。反过来，学生所积累的校内娱乐、游戏和运动环境的经验又可以成为教师实施体育课程的基础。

（2）学校娱乐、游戏和运动活动经验。学生的娱乐、游戏和运动活动经验大部分都是在学校这个特殊的环境中形成的。学生在学校中的娱乐、游戏和运动活动是有目的、有计划的，带有一定的强制性，并体现在学校的作息制度中，如每天的早操、眼保健操，课间操、班级体育锻炼以及每周的体育课等。其对学生娱乐、游戏和运动活动经验的形成以及锻炼习惯的养成都有着非常重要的意义。

在学校内，学生获得娱乐、游戏和运动活动经验的途径主要有体育课堂教学、课外体育锻炼、课外运动竞赛、课外运动训练、运动俱乐部活动、运动会、体育周或体育节、学生个人或小群体自主性娱乐、游戏和运动活动、其他课程和相关的课外活动等。由于学生个体身心发展特点和运动基础的不同，同一学校的学生与学生之间的娱乐、游戏和运动活动经验是有差别的。这就决定了体育教师在开发学生的娱乐、游戏和运动活动经验时必须要区别对待。

（3）学校体育社团活动经验。学校体育社团是指在校学生自己组织起来开展体育活动的组织。学校体育社团的形式主要有两种：一是运动队，又分为学校、年级和班级几个层次，如学校篮球队、班级足球队等，其主要活动是进行运动训练以及代表学校、年级或班级参加校内外的各种运动竞赛活动；二是校内的运动俱乐部，其主要由校内部分对某个运动活动有共同兴趣的学生组织起来的。

学生参与体育社团活动既可以提高其运动水平，又可以通过社团这个舞台展示自己运动方面的才能，还可以体验到成功的快乐和为他人服务的乐趣，感受到团体的温暖和力量，并积累大量组织、管理以及开展体育社团活动的经验，而这正是体育课程所需要的珍贵资源。

（4）学校交往经验。学校也是一个“微缩的社会”，但相对于社区而言，学校内的人员构成比较单纯，主要包括学生、教师、行政管理人员和学校的工人等，学生在学校内的交往活动主要发生在他们之间。与一般课程教学中的人际关系相比，体育课程教学中的人际关系显得更复杂、更直接，实践性也更强，而学生的学校交往经验在体育课程的实施中也显得更加重要。体育课程教学由于打破了教室的空间界限，客观上缩短了教师与学生交往以及学生与学生交往的空间距离，因此教师与学生及学生与学生的互动更加自由、无拘无束。而且，体育活动本身就非常强调团队精神，强调学生之间和师生之间的相互合作、相互帮助和相互激励，这一方面使学生在体育课程教学中不断地体验融洽的人际关系，丰富了学生的交往经验；另一方面则大大提高了学生的社会交往能力。

（三）身体练习资源

根据本书所采用的身体练习分类方法，相应地，体育课程内容的身体练习资源大致由单一动作结构的身体练习资源、组合动作结构的身体练习资源、活动性游戏资源和运动项目资源四个方面构成。

1.单一动作结构的身体练习资源

单一动作结构的身体练习特点是动作简单、环节少、要素单一、时空条件变化小，其主要包括了一些基本的运动动作，如走、跑、跳、投等，它们是构成后三类身体练习——组合动作结构的身体练习、活动性游戏和运动项目的基础。反过来，从资源开发的角度而言，后三类身体练习中的一些单个动作，如篮球运动中的投篮动作、排球中的垫球动作、“叼羊”游戏中的“叼羊”动作等，也同样可以作为这一类身体练习资源进行开发。

单一动作结构的身体练习按照活动的空间变化与控制方式的特点可以分为位移性身体练习、非操控性身体练习和操控性身体练习三种。当然，在实践中还可以根据需要采用对每个具体动作做进一步分类，如投的动作，根据动作的技能特点，可以分为推投动作、抛投动作和撤投动作等。

2. 组合动作结构的身体练习资源

将各种单一动作结构的身体练习组合在一起，便构成了组合动作结构的身体练习。组合动作结构的身体练习具有两个方面的特点：一是动作的数量在两个以上。在一个组合动作结构的身体练习中，所包含的动作数量可以是两个，如“跑—摸高”练习，也可以是多个，如“跑—爬—钻—跳”练习等；二是组合的方式多种多样。组合动作结构的身体练习资源是非常丰富的，体育课程中大量的内容实际上也由这类练习组成，因此其具有非常大的开发与利用潜力。

3. 活动性游戏资源

游戏的形式千姿百态，种类繁杂多样，内容上也是五花八门，但总体上可以分为心智游戏和活动性游戏两大类。活动性游戏又称为体育游戏，其是以跑、跳、投等身体练习为基本内容，通过一定的规则和组织形式所构成的健身、娱乐方式。活动性游戏具有三个基本特点：一是目的性，即任何活动性游戏都是有一定目的的；二是有虚构和假象成分，人们在游戏中扮演着各种不同的社会角色，而这些角色可以与个人在现实生活中的角色毫无关系；三是具有竞赛的因素和一定的情节。与单一动作结构的身体练习、组合动作结构的身体练习相比，活动性游戏与它们的区别主要在于其有一定的活动情节和活动规则。也就是说，一定的运动动作和一定的情节再加上简单的规则就可以构成某项活动性游戏。活动性游戏的数量非常多，而且新的游戏还在源源不断地被创编出来，这为体育课程提供了一个巨大的资源库。

4. 运动项目资源

运动项目是身体练习的高级表现形态。运动项目与活动性游戏有着天然的渊源，很多运动项目就是从某个活动性游戏发展起来的。例如，足球运动起源于足球游戏，冰球运动起源于活动者脚绑冰刀，手持曲棍，在冰冻的湖面上追逐打击用木片制成的“冰球”游戏。运动项目与活动性游戏在要素结构上具有很大的相似性，如它们都包含一定的运动动作、都有一定的比赛规则、都需要一定的场地和器材设备等。但与活动性游戏不同的是，运动项目的运动动作、场地器材、比赛规则都是非常规范的，而且运动项目的比赛一般都是有组织的活动。本书在参考诸多分类方法的基础上，将运动项目分为以下 13 类（详见表 4-1）。

表 4-1 体育运动项目分类

类别	简述
球类运动项目	球类运动项目的特征就是二人或二人以上通过球进行互动的运动。“玩”球的动作和比赛的方法是多样的。例如，人们既可以用身体的某个部位接触球，也可以用物体或器械接触球；既可以以球击中某个物体，入球门来得分，也可以凭借对方的失误来得分。其包括篮球、排球、足球、乒乓球、羽毛球、网球、门球、曲棍球、木球、保龄球、棒球、垒球、橄榄球、壁球、高尔夫球，台球、手球等
搏击类运动项目	搏击类运动项目目的主要特征是二人以徒手或器械的方式进行对打。包括拳击、摔跤、擒拿、格斗、柔道、剑道、散打、空手道、跆拳道等
野外运动项目	野外运动运动项目的特征是运动的环境为森林、高山、丘陵、旷野等自然环境。包括远足、野营、山地自行车、登山、攀岩、旅游、越野跑、铁人三项、定向越野、钓鱼等
医疗、保健运动项目	这类运动项目的特征是通过一些比较轻缓的运动动作来达到保健、辅助治疗与预防疾病、促进机体康复等目的。包括太极拳、柔力球、瑜伽等
水上运动项目	凡是运动的环境与海洋、湖泊、河流、水池有关的运动项目都属于水上运动项目。包括游泳、潜水、帆船、帆板、赛艇、皮划艇、冲浪、划船、滑水等
空中运动项目	空中运动项目的环境主要是空中，分为有动力的空中运动项目和无动力的空中运动项目两种。包括跳伞、伞翼运动、飞行运动、无动力滑翔、航空模型、动力飞行伞等
冰雪运动项目	凡是在冰和雪上进行的运动项目都属于此类。包括滑冰、滑雪、雪橇、花样滑冰、花样滑雪、冰上舞蹈等
舞蹈、韵律运动项目	这类运动项目的特征是人体运动配合以音乐韵律，以追求美感。包括体育舞蹈、艺术体操、健美操、社交舞等
体操运动项目	体操运动项目可分为徒手或带器械的两种形式。包括单杠、双杠、跳马、平衡木、吊环、高低杠、自由体操、技巧运动、蹦床、团体操、健美操等
机械运动项目	凡是利用机械原理带动人体移动或射击标靶的运动项目都属于这一类。包括赛车运动、卡丁车、摩托车、自行车、射击、射箭等
军事运动项目	这类运动项目的特征是在军事领域开展，主要用于达到某种军事目的。包括提高士兵的体能等，其包括现代军事五项、武装泅渡、负重行走等
新兴运动项目	新兴运动项目是相对于田径、足球、篮球、排球等近代运动项目而言的一类运动项目，其具有比赛规则新、场地器材新、运动动作新、运动形式新等一些基本特征，是深受大众欢迎的休闲、娱乐方式。包括轮滑、飞盘、飞镖、沙狐球，滑板、滑草等

续　表

类　别	简　述
民间、民族传统运动项目	我国是一个多民族的国家，各个民族都有自己传统的运动内容和方式，这些有着浓郁民族风情和地域特点的民族运动项目不仅构成了民族传统文化的重要内容，还不断成为体育的重要手段。民间、民族传统运动项目是体育课程内容的重要资源，对这类资源的开发不仅能丰富体育课程内容，还能极大地促进民族传统文化的发展，因而其具有重要的开发价值，如傣族的赛高升、回族的掼牛，蒙古族的马术等

第三节　高校体育课程资源的有效开发与利用的策略

一、树立起全面发展的高校体育课程资源理念

（一）创新高校体育课程的时间概念

由于教学内容和教学形式丰富多样，大学体育课程在时间安排方面相对灵活，课程方式也和传统的教学方式不太一样。比如，很多高校在进行体育课程设置的时候，不是仅仅依托原来的班级组建进行授课，而是根据学生的爱好和兴趣，让学生自主选择体育课程。此外，有时候还会出现一些课程需要打破原有的教学模式。这些课程都需要上课采取集中或者分散的教学模式进行，在必要的时候，还可以放在周末进行体育教学等。

（二）拓宽大学体育课程的空间观念

大学体育课程需要较大的空间，然而目前我国大学发展的空间有限，往往由于体育课程的局限性导致课程不能够合理开发，因此在完善和拓展校内体育空间的同时，还需要用发展的眼光去开发校外资源和空间。比如，大学体育课程设置可以借助社会体育设施来进行；没有游泳馆的学校在开设游泳课程时，可以利用公共游泳场馆来实现。这样就打破了体育设施对体育课程

设置的客观限制，能够有效为大学体育改革提供条件。

二、校内体育课程资源的开发与利用

（一）人力资源的开发与利用

1. 强化对体育教师资源的开发

在我国高校体育教师职称评定制度的影响下，当前高校体育教师队伍建设存在不健全的问题，对应开发的体育课程资源与大学生体育学习需求不相符。鉴于此，高校应当推进培养满足学生发展需求的体育教师，基于新型体育教学理念、先进现代教育技术，对体育教学发展提出更为严苛的要求，努力打造一支综合素质高的体育教学队伍。

2. 强化对高校其他相关人力资源的开发

要想达成对高校体育人力资源的有效开发，应当为除体育教师以外的教师、学生提供充足的平台，以使他们能对自身体育技能进行展现，调动起他们体育学习的主观能动性。例如，可安排具备相关体育特长的其他任课教师组织不同形式的体育活动，挑选具备体育学习积极性的学生担任体育委员，让辅导员引导学生开展辅助体育学习的相关体育知识竞赛活动等。

（二）体育课程教材资源的开发与利用

教材是学校根据课程方案、课程标准来选择和组织的教学内容。它的内涵主要体现在三方面：第一，使学生形成特定的知识体系所勾画的事实、概念、法则和论点；第二，同知识密切相关的、有助于各种能力形成并熟练的系统习得心理作业与实践作业的各种步骤、方式与技术；第三，与知识和能力体系紧密相关的，奠定世界观基础，表现为信念、政治和道德观的认识、观念和规范。一方面，体育教师要进行创造性的活动，使教材的实施更灵活，方法更科学，效果更令人满意；而另一方面就是各地区应根据具体情况灵活应用。体育教师需要因地制宜地根据学生情况和教学任务选用和创编教材，延伸教材。

各学校可根据学生的兴趣爱好，有目的、有计划地对竞技体育项目进行改造，开发既可以娱乐健身又有游戏性的竞技体育项目。例如，沿海学校可开展沙滩排球项目，有条件的学校开设网球、高尔夫球等项目。因此，教材开发中不应忽视竞技体育项目的开发。体育教材作为主要课程资源，教师要深入理解它的内涵，细心研究，灵活运用，从而充分发挥它的作用。

（三）对现有的体育器材的功能进行深度挖掘

坚持一种器材多个功能、一种器材多种用途的原则，对现有的器材的功能进行开发和补充。由于现有的体育器材数量有限，长期反复地使用，学生会感到乏味，在这个时候就需要教师引导学生进行其他方式的教学活动，可以改变器材的使用方式。比如说绳子，可以进行单人跳绳大赛，还能够多人进行跳绳等。通过多种体育锻炼方式来丰富学生的体育教学活动，从而有效提高学生的学习积极性。

（四）提高体育场地的利用率

要秉持一场多用的原则，从而提高体育场地的使用率。体育场地具有多种用途。比如，在篮球场上可以跑步，还可以打篮球，拉个中界线还能打排球、乒乓球等。进行不同体育活动的安排能够有效提高体育场地的使用率，丰富体育活动的形式。

三、校外体育课程资源的开发与利用

（一）自然地理资源

我国地域广阔，地貌复杂多样，季节气候变化万千，具有丰富的体育课程资源。利用空气，可以进行有氧运动，如散步、慢跑、有氧操等；利用阳光，可以进行日光浴；利用水，可以进行游泳、温泉浴等；利用山地丘陵可以开展登山运动和有氧耐力训练；利用沟渠田野，可以进行越野跑、跳跃等练习；利用海滩或沙地，可以进行沙滩排球、沙滩足球等；利用沙丘，可以进行沙疗、爬沙丘、滑沙等活动；利用江河湖泊，可以进行水上安全运动；利用雪原，可以进行滑雪、滑雪橇、滚雪球、打雪仗等项目。春季可以开展春游、远足；夏季可以开展游泳、沙滩排球；秋季可以爬山、越野跑；冬季可以开展滑雪、滑冰。对一些开在乡村的学校，教师可根据自然地理环境，进行登山、田间跑、围绕树木蛇形跑等体育活动。

（二）体育信息资源

信息意识和能力是现代社会公民科学素养的重要组成部分，信息技术的发展为科学教育提供了前所未有的崭新平台。信息化资源虚拟化的特点充分说明了体育课程资源包含信息化资源，具有容量大、智能化、网络化和多媒体的特点，这使体育教学得到了高层次的进步与发展。教师可以充分利用图书馆、网络、多媒体技术等获取体育信息，不断充实更新体育课程内容：图书馆藏有大量的体育图书和体育历史资料，它们含有大量的有价值的体育知识和技术；网络能提供新鲜的体育新闻、最新体育动态，而且网络上有许多真知灼见的体育评论，也有实用的体育健身知识、运动处方；多媒体能有效地宣传体育，辅助体育教学。比如，武术套路的教学，篮、排、足技战术等的教学都可以利用多媒体学习，不仅形象，还有效。这些课程资源的开发和利用丰富了体育课程内容，优化了体育课程，进一步促进了体育课程的发展。

（三）家庭体育活动资源的开发与利用

随着国家和社会的快速发展，人们的生活水平不断提高，健康意识不断增强，家庭健身、家庭休闲体育运动蓬勃发展。家长的体育价值观、体育锻炼行为得到了根本的转变，这种转变对学生的体育锻炼习惯的培养具有很大的影响。开发利用好家庭体育资源，对培养学生的体育学习兴趣、养成良好体育锻炼习惯具有一定的帮助。

（四）社区体育资源的开发与利用

社区体育资源包括社区体育场地、社区体育活动和竞赛、社区体育指导员等。社区体育场地包括社区各种运动场地、俱乐部及体育设施，充分开发这部分资源能弥补校内体育设施的不足。体育教师对周边环境熟悉，应大力开发和利用。社区体育活动和竞赛这些资源既能发挥学生的体育特长，又能提高学生参加体育活动的兴趣，让学生走出课堂，走出学校，参与自己感兴趣的体育活动，培养终身体育思想。学校可以发挥社区体育指导员的体育特长，让他们帮助、指导学生参加社区体育活动，从而提高学生体育技能的运用能力。

（五）不断发掘整理珍贵的民族体育资源

我国是一个多民族国家，地域范围较广，不同区域或者不同民族之间的体育习俗和民族习惯有很多不同。尤其是在体育课程资源方面，不同的民族有不同的体育特长和体育资源，这些都是高校体育教学的宝贵素材和资源。当前，在高校体育教学方面，缺乏对民族体育资源的发掘整理，导致一些诸如传统武术等体育资源失去了传承和发展的基础，影响了这些民族体育项目的可持续发展。因此，从这个意义上来讲，高校体育要以丰富课程资源为契机，不断加强对民族体育资源的发掘整理和完善，这样不但能充实我国体育教学的课程资源，而且能推动我国民族传统体育内容的大力弘扬。

四、加大体育课程资源管理力度

高校核心任务即为社会培养高素质的人才，培养目标应当以社会发展需求为重要前提，课程资源管理则应当以培养目标为重要依据，因而要求高校相关管理人员应当将社会需求作为切入点，加大对各式各样体育课程资源的有效管理，自人力、物力等课程资源开展优化配置，切实使有限的体育课程资源发挥出尽可能大的资源效益。例如，管理人员可结合教师实际情况安排相关工作内容，依据场地设施、时间开展优化调配，集中人力、物力发展特色体育项目等，依托课程资源的优化配置，开展好培养目标制定、教学方法选择、课程内容设置等一系列工作，进而收获理想的体育课程资源管理成效。

五、依托法律手段加强执法监督

在市场经济发展逐步深入的背景下，近年来体育行业市场竞争愈来愈激烈，于此期间，应当明确依法竞争是体育事业发展的必经之路。所以，高校体育管理工作应当依托法律手段对各式各样体育竞争活动开展有效调节、干预，使体育竞争活动与相关法律规定相符，紧随社会前进步伐。加强执法监督涉及较为广泛的内容，因而在实际操作中，应当开展好下述几项工作：首先，应当对执法部门相互间关系予以有效确定，保证执法部门的权责分明；其次，在体育行政部门内成立一个独立的执法机构，并配备一支具备扎实专业素养的执法队伍；最后，还应当构建其科学完备的体育行政建议制度、诉讼制度，以维护不同主体的合法权益。

第五章　基于有效教学理论的高校体育教学方法应用

第一节　体育教学方法的基本认知

一、教学方法的基本认知

（一）教学方法的概念

教学方法是教学过程中教师与学生为实现教学目的和教学任务要求，在教学活动中所采取的行为方式的总称。教学方法包括教师教的方法（教学方法）和学生学的方法（学习方法）两大方面，是教学方法与学习方法的统一。教学方法必须依据学习方法，否则便会因缺乏针对性和可行性而不能有效地达到预期目的。由于教师在教学过程中处于主导地位，因此在教法与学法中，教学方法处于主导地位。

教学方法承担将预期的教学目标变成现实的教学结果的中介职能，它既关系到教学目标的实现，又关系到教学效率的提高。广大教师，尤其是新上讲台的教师都应当学会正确选用教学方法，并且有目的、有意识地去选择教学方法，灵活地运用教学方法，更好地为自己的教学工作服务。

教学方法是教学过程的组成部分，它的存在和发展不是孤立的，而是与教学过程中的多种因素相互制约、相互影响、相互体现的。例如，教学目的决定教学内容和方法，内容又影响方法，当方法发生变化时，也会引起内容的变化。因此，在研究和选用教学方法时，必须把方法看作从属于教学教程的一个子系统，一方面，要研究教学方法内部各组成部分之间的各种联系（即方法的分类归属），另一方面，又要深入探讨教学方法与教学过程中其他结构成分及其整体结构之间的本质联系。选择恰当的教学方法，应当在种种联系和关系中考察，在认识了这种种联系和关系的前提下确立和运用教学方法，使其适应这种种联系与关系，从而产生最佳的效果。简言之，学习和运用教学方法一定要以整体性的观点看待和运用教学方法，以“启发性”教学为出发点。

（二）教学方法的分类

人们可以从多个角度，深入地了解各种不同的教学方法。

从教师的角度考虑，就意味着将教学方法看成教师对学生能力的一种认识过程，主要体现为教法；在进行教学的过程中，人们主要强调如何正确地采用方法达到教学目的，也就是说，教学方法分为教法和学法两个方面。

依据教师与学生交流的媒介和手段，把教学方法分为四大类：第一类，以语言传递为主的方法，主要有讲授法、讨论法、谈话法、读书指导法等；第二类，以直接感知为主的方法，主要有演示法或示范法等；第三类，以实际训练为主的方法，主要有实验法、练习指导法、实习作业、法等；第四类，以陶冶为主的方法，主要有情境教学法、欣赏指导法等。

从学生学的角度考虑，学习方法的种类有很多，主要有听课法、思考法、读书法等。学习方法存在着不同的分类标准，根据信息获取的途径和方式，可以把学习方法分为以语言获取知识为主的方法；以直接感知获取知识为主的方法；以实际训练获取技能为主的方法；以陶冶获得身心愉悦，产生积极情感体验为主的方法四大类。

（三）选择恰当教学方法的依据

1.教学目标和任务

教学目标和任务是整个教学过程中的前提，它由若干教学阶段或环节组成。每一个教学阶段或环节都有具体的任务，对不同的教学目标与任务应当采取不同的教学方法。完成教学任务规定的进度和教学时间，以及完成任务过程中的阶段或环节，都制约着教学方法的选择。一般来说，要完成某种任务，达到某种目的，都会有某种相对来说最佳的方法。例如，要使学生获得较多的音乐知识，系统讲授是相对较好的方法；要想培养学生的技能、技巧，则采取示范加讲解，再结合一定程度与时限的训练最佳；若任务带有综合性，就需选择几种方法并考虑它们的最佳组合。

2. 特定的教学内容

教学任务是通过具体的教学内容来体现的。教学方法与教学内容有着特别的依存关系，它是教学内容的运动形式。因此，教学方法应尽可能地考虑到教材的特点。例如，实践性较强的音乐表演学科知识和音乐理论性较强的学科在教学方法上有很大差别，这是因为人们接受这些知识的心理过程不同。即使是同一种教学方法，在不同类别的课中，其运用也是有差别的。即便是同一学科的教学中，不同的单元，甚至不同的课时都应当采取不同的教学方法。

3. 学生的特点

教师要根据学生的心理和生理特征，考虑到学生的智力发展水平和自我检查能力的程度，充分了解学生对各种方法的准备情况和学习态度，并据此合理地选择、组织、运用和检查教学方法。

4. 教师自身的特点

教师是教学方法的主要使用者，在选择教学方法时，应当根据自己所具备的才能，充分发挥自己的优势和长处。比如，年轻教师刚走上教师岗位，由于知识储备不多，对谈话法不熟悉，可以采用讲授法；善于辞令又富有激情的教师喜欢用讲演法；严谨且又拘谨的教师则可以采用讲述法。

5. 符合音乐学科的教学特点、教学原则和教学规律

教学方法的选择很难有什么固定的模式，就以同一类教师来说，同是教龄较长的教师，有的选择教学方法是凭直觉迅速做出选择的，甚至在课堂上还可灵活机智地加以变通，而有的则是通过不断尝试、反复比较而最后做出抉择的。对于刚走上讲台的青年教师来说，一个科学的、恰当的教学方法应当是经过深思熟虑，反复比较利弊，并在实践中不断摸索而决定的。

二、体育教学方法的基本认知

（一）体育教学方法的概念

不同学者对于体育教学方法概念的理解不尽相同，这在很大程度上影响

了教学一线的体育教师对体育教学方法的理解和使用，也影响着高校学生对体育教学方法的掌握和高校学生体育教学能力的有效提高。我们认为，体育教学方法是指在体育教学过程中，为了达到一定的教学目的、目标和任务，由师生共同参与的，在教学活动中所采用的具有指引性的和可操作性的教学模式、教学方法和教学手段的总称，包括教师的指导法和学生的学练法。

广义的体育教学方法通常主要涉及以下三个层次：

（1）“教学模式”的层次。也称“教学方略”“教学策略”“教学方式”。如快乐体育教学模式、发现体育教学模式。

（2）“教学方法”的层次。也称“教学技术”，它基本上等同于传统定义上的教学方法。如语言法、直观法。

（3）“教学手段”的层次，也称为“教学工具”，是“教学方法”层次的组成部分，是教师运用一种主要的手段进行教学的行为方式。如黑板、挂图、模型、秒表、哨子、节拍器、录音机、学习卡片、多媒体演示等。

（二）体育教学方法的构成要素

教学方法是在教学实践中发生和发展的，在体育教学中，教学方法的选用直接影响教学目标和任务的完成质量。通常构成体育教学方法的要素有以下三个：

1. 语言

语言是人们沟通的工具，也是人们认识和理解客观世界的媒介。在体育教学中，无论是教师的教，还是学生的学，都离不开语言。因此，语言是构成体育教学方法的第一因素。

2. 身体练习

体育教学的最大特点是以身体练习的实践为基础，学生在教学中通过反复的练习，掌握体育的基本技术、技能，并使机体得以锻炼。要使学生的机体得到合理的锻炼，体育教师必须在教学中合理地安排负荷与休息的时间间隔，而这又取决于教学中身体实际练习的安排。所以，身体练习就构成了体育教学方法的第二因素。

3. 器材设备

正如其他学科的教学离不开课本、黑板一样，体育教学离不开一定的器材设备，这是进行身体练习的物质条件。在教学实践中，器材设备的变化往往决定着教学方法的改变。因为器材设备的安排影响着教学的组织方法；器材设备的数量又与教学中的密度特别是练习密度有直接的关系。可见，器材设备构成了体育教学方法的第三个因素。

语言、身体练习、器材设备构成了体育教学方法的三个主要因素。这三个因素有机地结合，构成了一个不可分割的教学方法整体。所以，我们只有全面考虑这三个因素，统筹安排，方可充分发挥体育教学方法的效能。

（三）体育教学方法的特点

体育教学方法遵循教学过程的规律和原则，又与体育教学活动紧密联系，它与其他学科教学方法既有共同的特点，又有自身独特的特点。体育教学方法的特点主要表现为以下几个方面：

1.操作性

体育教学方法是在体育教学过程中，师生为了完成体育教学任务，实现体育教学内容的有效传递，进行学习及运用的途径和手段，它起着类似桥梁的中介作用。体育教学方法与体育教学实践紧密相连，教师和学生将教学方法作用于教学内容，学习体育知识、技术，体育教学方法的作用方式、具体步骤、施用对象的具体要求等，都应是可以操作的。所以，操作性是体育教学方法的基本特点。评价教学方法好坏的一个重要方面就是看它是否具有良好的操作性。体育教学方法的操作性特点有利于教学方法作用的有效发挥，也有利于优秀教学方法的推广。

2.实效性

体育教学的目的任务确定之后，需要借助一定的教学手段，运用教学方法予以实现。也就是说，教学方法的选择和运用不是随意的，在教学过程中，所运用的教学方法要有利于体育教学目的、任务的实现，有利于教学效率的提高，调动学生的积极性，保证体育教学的质量。例如，为了让学生了解人体运动时所参与的肌肉群，可以运用挂图等直观法，也可以运用多媒体技术把人体运动时所参与的肌肉演示出来。如果想加大体育课的练习密度，可以运用循环练习法。这就是体育教学的实效性特点。如果机械地运用一种教学方法，学生的学习效果也较差，那么就该考虑是否需要运用其他体育教学方法或创造新的体育教学方法。在运用新的体育教学方法或创造新的体育教学方法时，教师也要突出考虑教学方法的实效性。

3. 针对性

体育教学方法的运用是针对不同的教学任务、不同的教学对象、不同的教学过程和为了实现不同的教学内容而进行选择的。甚至新的教学方法的产生往往也是为了解决体育教学实践中存在的问题。因此，不同的教学方法有自己独特的功能和使用范围，实现着不同的教学目的、任务。

比如，针对体育知识和体育技术的教授和学习有不同的教法和学法；新授课、复习课、综合课也有不同的教法与学法；所谓“因材施教”，是针对不同基础和兴趣的学生有不同的教学方法；对于发展学生的体能和技能，亦有体能类教材的教学方法和技能类教学方法；还有娱乐类教学方法等。因此，针对不同的对象和教学过程，体育教师要灵活地选择不同的教学方法。

4. 整体性

体育教学的目的和任务是多方面的，教学过程是由许多教学环节组成的，既不能用一种体育教学方法完成多方面的教学任务，也不能在教学过程中自始至终都使用一种体育教学方法。而且不同的体育教学方法有其不同的使用范围和特点，这些不同的教学方法共同构成了一个完整的方法体系。各种具体方法彼此联系、密切配合、互相补充、不可分割，综合地发挥着整体效能。

体育教师在运用教学方法，如完整法与分解法、讲解法、示范法、预防与纠正错误法，间歇练习法与循环练习法等时，应看到各种体育教学方法的相互作用，根据体育教学的需要，相互配合地运用各种教学方法，使每一种教学方法的运用都成为体育教学过程的有机整体。

5. 时空性

体育教学方法存在于不同的教学过程中，甚至在同一教学过程的不同阶段也有不同的教学方法。相对于同一教学过程，有开始、发展和结束阶段。在教学的不同发展阶段，师生之间的地位在发生着规律性的变化，教法和学法也随之起着不同的作用。在教学方法的开始阶段，教师主导地位与作用较明显，随着时间的推移，学生的主体地位与作用也逐渐加强。

首先，教学过程要通过一定的教学方法，诱发学生内在的动力，引起学习的欲望与兴趣；其次，组织学生参与多种适当的学习活动，达到感知、理解与掌握教材；最后，对学生学习结果给予评定。反过来对照教学目标的完成程度，制订新的教学计划，开始一个新的教学过程，如此循环往复。这样的时空交替往复的教学过程都伴随着体育教学方法的时空特征，都是体育教学方法在发挥着作用。

6. 时代性

教学方法有其产生、发展的历史，体育教学方法亦是如此。从体育史上我们可以发现，不同的历史时期有不同的体育教学方法，这些体育教学方法受不同的历史时期中不同的哲学思想、教育理念影响，也有当时人们对体育价值认识的痕迹。尤其近几十年来，随着科学技术的发展，多媒体技术开始进入体育教学领域，这突出体现了体育教学方法的时代性特征。体育教学方法随着社会的变化和体育教学的发展而不断发展，它体现着社会的发展与时代的要求，以及体育学科发展的要求。同时，体育教学目标、任务与教学内容也在影响着体育教学方法的产生和发展。所以说，体育教学方法不是一劳永逸的，在体育教学实践中，教师必须根据变化的时代精神和体育学科的发展需要，勇于开拓，推陈出新，使体育教学方法更能适应体育教学的实际需求。

第二节　高校体育教学方法的选择与应用

一、高校常用的体育教学方法

（一）以语言传递为主的教学方法

以语言传递为主的教学方法是指教师运用口头语言向学生传授体育知识、运动技能的教学方法，具体有以下几种：

1. 讲解法

讲解法也称语言法，是体育教学中最重要的方法之一，指教师通过简明、生动的口头语言向学生系统地传授体育知识、运动技能的方法。它的优点是能使学生在较短的时间内清晰地获得全面而系统的知识。

2. 问答法

问答法亦称谈话法，是指教师和学生以口头语言问答的互动方式传递教学信息、完成体育教学任务的方法。其优点是便于启发学生的思维，培养学生的思考能力和语言表达能力，唤起和保持学生的注意力与兴趣。

3. 念动法

念动法是指在教师的暗示语的引导下，学生在头脑中呈现技术动作、动作情境和运动情绪，从而提高运动技能和情绪控制能力的方法。其优点是开拓学生的想象能力，打破传统教学对学生思想的禁锢，促进学生智力发展，提高动作技术水平和学习效率。

4. 讨论法

讨论法是指在体育教师指导下，学生以班级或小组为单位，围绕教材的核心问题展开讨论或辩论，以获取体育基本知识、基本技术与基本技能学习的一种教学方法。其优点是能更好地发挥学生主动与积极性，有利于培养学生独立思考能力和口头表达能力，促进学生灵活地运用知识。

（二）以直接感知为主的教学方法

以直接感知为主的教学方法是指教师通过对实物或直观教具的演示，使学生利用各种感官直接感知客观事物或现象而获得知识的方法，具体包括以下四种：

1. 示范法

示范法是指教师（或指定学生）以具体的动作为范例，使学生了解所要学习的动作形象、要领的方法。教师在体育教学示范时，既要考虑示范面，又要考虑示范的速度与距离。其优点是帮助学生了解所学动作表象、顺序与技术要领，激发学生的学习兴趣，增强学生学习自信心。

2. 演示法

演示法是指体育教师通过教学展示实物与直观教具，让学生通过观察获取感性认知的教学方法。其优点在于能使学生获得丰富的感性认知，加深对技术动作的印象，提高学生的学习兴趣、观察能力与抽象思维能力。

3. 条件限制法

条件限制法是指教师通过设置一定的限制条件，要求学生达到一定的规范要求或纠正错误动作的练习方法。其优点是预防与纠正学生在初学动作时易犯的错误，能帮助学生较快掌握技术动作，提高体育教学效果。

4. 预防与纠正错误法

预防与纠正错误法是指教师通过采取一定的手段和措施，预防与纠正学生学习动作时出现错误的方法。其优点在于纠正学生的错误动作，避免其形成错误的动力定型。

（三）以身体练习为主的教学方法

以身体练习为主的教学方法是指教师通过身体练习和技能学习，使学生掌握和巩固运动技能，进行身体练习的方法，具体有以下五种：

1. 分解练习法

分解练习法是指在教学时，教师首先把身体练习合理分成若干环节进行练习的方法。其优点是动作技术的难度相对降低，提高学生学习的自信心，使其能较快地掌握动作技术。

2. 完整练习法

完整练习法是指从动作的开始到结束，不分解动作基础，完整地进行教学和练习的方法。其优点是在教学中能保持动作结构的完整性，使学生易于形成动作技术的整体概念和动作间的联系。

3. 循环练习法

循环练习法是指教师设置若干个身体练习站，组成一个合理的锻炼系统，学生根据要求依次进行练习的方法。这种方法是综合了间歇训练、负重训练、重复训练的一种方法。其优点是帮助学生改善身体协调能力，提高身体素质，增强信心。

4. 重复练习法

重复练习法是指在不改变动作结构和运动负荷的条件下，根据教学的任务和要求反复进行练习的方法。其优点是发展学生的各种身体素质，提高其身体训练水平，培养学生顽强、坚韧不拔的意志品质。

5. 变换练习法

变换练习法是指在变化的条件下进行练习的方法。这些变化的条件包括练习内容、动作结构、运动负荷，也包括练习的环境。其优点是可使学生的不同运动素质和运动技能得到系统的训练和协调发展，从而使之具有实际应用的应变能力。

（四）以比赛活动为主的教学方法

以比赛活动为主的教学方法是指教师在教学中创设一定的体育比赛活动，使学生通过更生动的运动实践体验来陶冶性情、提高运动能力、提高运动参与兴趣的一类教学方法，具体有以下三种：

1. 游戏法

游戏法是指教师以游戏的方式组织学生进行身体练习的方法。其优点在于能够有效地促进学生身体各种基本活动能力和身体素质的全面发展，能培养学生的集体主义精神。

教师在运用游戏法时，应注意以下几点：①选择游戏法的内容与形式，应根据发展体能的教学需要，要有明确的目的，并采取相应的规则和要求，这样才能收到预定的效果；②应教育学生严格遵守规则，同时鼓励学生在规则许可的范围内，充分发挥自己的主动性和创造性去争取优胜；③在游戏中，裁判应认真、严格、公正、准确，只有客观地评定游戏的结果，监督不良行为，才能激发学生参加游戏的兴趣；④要布置好游戏的场地与器材，加强游戏的组织工作；⑤在游戏结束时，体育教师要做好讲评，指出学生的优点与缺点。

2. 比赛法

比赛法是指体育教师在比赛条件下，组织学生进行练习的方法。其优点是可以提高学生学习的兴趣与调动学生学习的积极性，培养学生坚毅果断、顽强拼搏的意志品质和集体荣誉感。比赛法与游戏法的区别表现在以下两方面：①游戏有竞争、合作、表现等多种类型，而比赛则偏重于竞争；②游戏不限于某个项目，而比赛往往是与某个运动项目有关。

3. 情境法

情境法是指利用一定的生活情节和模拟的情境来进行教学的一种教学方

式，其主要目的在于调动学生的积极性，启发学生的学习想象，以利于提高教学效果。其优点是创设教学情境，激发学生的学习兴趣；保持积极的情绪状态，挖掘教材情感因素，引起师生情感共鸣；充分发挥学生的主体性，营造生动活泼的教学氛围；指导学生看、听、想、练相结合，调动多种感官参与教学活动；合理运用语言艺术，提高课堂教学效果。

（五）以探究性活动为主的教学方法

1. 自学法

自学法是指在教师的引导下，学生自我获取信息，提高学习能力的一种方法。其优点是可以使学生掌握科学的体育学习方法，灵活运用到体育学习与锻炼中，逐步培养学生的自学、自评与自练能力。

2. 发现法

发现法亦称探索法或研究法，是指学生在进行某一任务的体育学习时，教师只是给他们一些与之相联系的事例和问题，让学生自己通过观察、验证性活动、思考、讨论和听讲等途径，去独立地探究学习，自行发现并掌握相应的原理和结论的一种方法。这种方法的优点是掌握学习课题（创造问题情境）；制定假设（提出解决问题的各种可能的假设和答案，学生通过在练习过程的各自体会，展开争辩，各抒己见）；发现补充，修改和总结。

3. 自我定向练习法

自我定向练习法是指学生根据教学的内容与任务，结合实际，确定自己学习的目标进行练习的一种方法。其优点在于培养学生良好的学习动机、注意力与意志力，以及获得运动愉快情绪的体验。

4. 自我评价法

自我评价法是指学生在教师的指导下，自我获取练习前后技术掌握和身体机能变化等方面信息的诊断方法。其优点是帮助学生自学与自评，鼓励学生向自我成就方向发展，激发学生的学习动机，养成自觉训练的良好习惯。

二、高校体育教学方法的选择与应用

（一）体育教学方法的地位

综上所述，可以发现我国学校体育的教学方法在理论体系实践应用中的地位如下：

（1）它是为达成教学目标，使学生完成学习任务而选择运用教法的策略标识。

（2）它是遵循教学活动的特点和规律，以一定的教育理念和教学策略为依据组织安排教学活动的一种具体结构和形式。

（3）它既是一种实施课堂教学内容与组织形式的策略结构，又是一种按目的要素对教学有机构造和有机安排的活动过程。

（4）教学方法的结构和分类的功能体现出策划教学情境、推射知识获取方式、选择教学方法，将教学内容转换为具体的运行活动。

（5）从时空的发展来看，新旧体育教学观的教学方法结构与分类，可以发现，新的教学方法从知识的结构性入手，注重教学环节的具体应用与认知的目的指向性，着力体现了“教学做合一”的知行统一观。既反映了教师如何教，也体现了学生如何学。教学是教师与学生相互结合双边共同完成的活动。过去我们只发挥了教师的主导作用和教师的教学智慧，没有发挥学生学习的主动性和学习智慧的力量，导致教学实践中“管教不管学”的现象，因而它是不完善的。

（二）体育教学方法选择和应用的原则

体育教学方法作为体育教师在教学过程中的工具，发挥着非常重要的作用。体育教学方法受到越来越多的体育教学工作者的重视。但是体育教学方法的选择并不是盲目的，通过对体育教学的研究得出，体育教学方法的选择和应用应该严格遵守以下四项基本原则：

1.目标性原则

教学方法是为实现教学目标而服务的，教学目标为教学方法的选择提供了参考依据，教学方法又促进了教学目标的实现。因此，在进行教学方法的选择和运用时，一定要保证教学方法的目标性，首先应该清楚其教学目标是什么，然后再去思考如何应用这种教学方法完成教学目标。只有保证教学方法具有目标性，才能保证教学的质量，才能顺利完成教学任务。

2. 有效性原则

在选择和应用教学方法的时候，还要考虑其完成教学目标的有效性，实际上就是指利用这种教学方法提高教学质量，顺利完成教学目标的可能性。有些教学方法由于其步骤较为复杂，花费的时间过长，就会对其他的教学内容造成干扰，降低教学的效率，那么，这种教学方法就失去了在教学中的有效性，不利于教学活动的顺利进行。例如，体育教师在指导学生进行跑步训练的时候，采用的是多媒体教学和实践训练相结合的教学方法，但是由于跑步是一项较为简单的运动，仅仅需要理论结合实践的教学方法就能完成，不需要采用多媒体教学。因此，采用多媒体教学和实践训练相结合的教学方法就会降低教学的有效性。

3. 适宜性原则

每一种体育教学方法都有其相适应的教学环境和对象群体。所谓的适宜性，可以分为两个方面进行论述：一是指教学方法与学生之间的适宜性，主要指教学方法是否符合学生的身心发展的特点；二是指教学方法与教师之间的适应性。每一种教学方法对教师的自身素质都有要求，只有两者相适应，才能最大限度地发挥教学的优势。例如，在对低年级的学生进行教学的时候，教师就应该选择一些与该学段学生的认知能力和身体发展状况切合较为紧密的教学方法，如讲解法、动作示范法等。

4. 多样化原则

体育是一门较为复杂的学科，体育教学方法也十分丰富，每一种教学方法都有其相对应的功能和作用，只有多种方法相互结合才能发挥体育教学的优势。多样化的教学方法不仅可以让体育课堂更加生动和丰满，还能调节课堂的气氛，激发学生的学习热情和主观能动性，使学生集中注意力，实现教学效果，提高教学质量。

（三）高校体育教学方法的选择

1. 根据具体的体育教学目标、任务进行选择

当前，我国体育教学目标是通过体育教学向学生进行体育卫生、保健知识教育，增强学生体质，促进身心发展，培养德、智、体、美、劳全面发展

的社会主义建设者。这是我国各级各类学校的共性目标。体育教学目标又分学期的、单元的、课时的目标。不同的教学目标和任务要选择不同的教学方法。例如，如果教学目标强调对学生个性的培养，可以选用发现法、启发式教学法，或学导式教学方法等；如果教学目标是在授课过程中帮助学生建立初步的动作定型，可以运用讲解法、动作示范法，以及完整与分解法等体育教学方法；如果教学目标只是强调对体育卫生、保健知识的传授，只需要选用讲解法等。因此，教师在选择教学方法时，首先明确要达成的教学目标，根据不同的教学目标和任务，选择不同的教学方法。

2. 根据体育教材内容的性质和特点进行选择

体育教材是实现国家和各地学校完成培养学生意图的载体，体育教学方法的选择要有效地实现体育教材内容的传递，同时，不同的体育教材内容需要选择不同的体育教学方法。有人把体育教材内容分为田径、球类、体操、民族传统体育等不同的教材，对这些教材内容的“教”和“学”就会有不同的教学方法。根据适用的不同教学领域，把体育教学方法分为基础知识类的教学方法、技能类的教学方法、体能类的教学方法以及娱乐类的教学方法。在这几类教材中，不同的教材内容的教学方法也是不同的，甚至不同的动作教学过程中也有不同的教学方法。所以，教师应该根据不同的教材内容特点的教学需要，选择所需要的教学方法。

3. 根据学生的实际情况选择教学方法

体育教学方法要体现实效性特点，归根结底，是要看学生学习、掌握体育知识与技术的情况。因此，教学方法要适应学生的基础条件和个性特征，在选择体育教学方法时，要根据学生现有的体育知识水平、智力发展水平、年龄特征、心理特点等方面来综合考虑。考虑到学生的这些实际情况，要从学生的实际出发，尊重学生的差别，更好地调动学生的学习积极性，提高教学效果。体育教师在“备教材”“备课堂”“备学生”时，一定要做到对学生的实际情况心中有数，从而正确选择和运用体育教学方法。

4. 根据体育教师自身的素质选择教学方法

体育教学中的教学方法只有经过体育教师的理解和掌握，才能发挥有效作用。有的教学方法虽好，但如果教师掌握不了，驾驭不了，仍然不能在体育教学实践中产生良好的效果。因此，体育教师的特长、弱点都应成为选择体育教学方法的重要依据。例如，发现法不错，却不适合不善于设置问题的教师；循环练习法能全面协调、发展学生的基本活动能力和身体素质，加大体育课的练习密度，但有些教师无法掌握各练习站点的练习情况，所以导致这种练习方法的效果相对较差。因此，教师在选择教学方法时，应当根据自己的实际优势，扬长避短，选择与自己最相适应的教学方法。同时，体育教学改革要加强师资队伍建设，不断提高体育教师的自身素质和水平；教师也应丰富适合自己的教学方法，并根据实际情况改造现有的教学方法，形成自己的教学风格。

5.根据教学条件选择体育教学方法

体育教学方法的运用需要借助一定的媒介进行，所以，体育教学方法的选择要考虑学校的体育教学条件，如学校的教学器材、场地设施等。这些教学条件的满足为教学方法的运用提供了必要的物质条件，是体育教学方法发挥作用的基础。因此，体育教师应合理地开发利用这些教学资源，特别是充分使用电化教学、多媒体技术等现代化教学手段，进一步开拓教学方法的功能和范围，以提高体育教学方法的效果。

（四）高校体育教学方法的应用

1.运用体育教学方法要树立最优化的整体观点

实践证明，合理地运用多种体育教学方法能更好地完成教学任务，实现教学目标，达到有效体育教学的目标。在体育教学过程中，体育教学目标的实现、体育知识的传授和学习、体育学科能力的培养和发展不可能只依靠一种教学方法，所以，必须把多种教学方法合理地结合起来。每一种教学方法或每一类教学方法都有各自的功能、特点及应用范围和具体条件。同时，体育教学内容不同，教学对象、条件不同，所选择的教学方法也不同。为了有效地完成教学任务，体育教师必须坚持完整的观点，用最优化观点统筹多样化的教学方法，注意各种教学方法之间的有机配合，充分发挥体育教学方法体系的整体功能。例如，对于简单的体育技术动作和复杂的体育技术动作要灵活地运用完整法和分解法。如果既要提高学生的体能，又要提高学生的技能，就应该把体能类的教学方法和技能类的教学方法合理结合起来，使体育教学方法的作用发挥达到最优化。

2.运用体育教学方法必须坚持以启发式为指导思想

体育教学中的具体方法很多，但无论采用哪种教学方法，都必须坚持以启发式为总的指导思想。启发式是相对于注入式而言的，它不是一种具体的教学方法，而是运用教学方法的指导思想。所谓注入式，是指教师从主观出发，把学生看成单纯接受知识的容器，无视学生在学习中的能动作用。而启发式则相反，它是指教师从学生实际出发，采取各种有效的形式去调动学生学习的积极性、主动性和独立性，引导学生通过自己积极的身体活动和体验，掌握体育基础的知识、技术。启发式作为体育教学方法运用的指导思想，能够培养学生思考问题、分析问题、解决问题的能力和体育学习能力。

3.运用体育教学方法要随时注意学生的外部表现和心理活动变化

在运用体育教学方法的过程中，教师既要考虑到学生的外部活动和表现，又要考虑到学生的心理活动的变化。学生的外部活动主要表现在注意力变化、情绪变化、动作质量、出汗程度、脸色变化等方面。而最难观察的就是学生的心理活动变化。这些活动和变化如果是良性的，则对提高体育教学质量起着积极促进作用；相反，如果处于不良状况时，则会严重影响体育教学的质量和效果。因此，教师在运用体育教学方法时，要把指导学生外部活动的方法与激发学生内部活动的方法结合起来，根据学生内外活动的变化不断调节这两者之间的关系，组织、控制影响学生的内部因素和外部因素，使学生能够生动活泼、积极主动的学习。

4.要根据学生掌握知识、技能程度的不同运用不同的体育教学方法

学生对体育基础知识、技术的学习和掌握是有一个过程的。在这个过程中，学生对体育知识、技术掌握的程度也是不一样的。对于体育基础知识的掌握和运用，往往要经历一个由不懂到半懂再到全懂，由不会运用到基本上会用再到能比较熟练地运用的过程，这是一个由量变到质变的循序渐进的过程。而对于运动技能的学习和运用，则经历了粗略掌握动作的阶段、改进和提高动作的阶段，以及巩固运用自如的阶段。

学生在开始学习的阶段，往往以模仿教师或者同学的动作为主，对动作技能的掌握比较生疏；当学生经过多次反复的练习，在形成动作技巧以后，就可以完全摆脱模仿动作的模式，逐渐地熟练，并达到动作运用的自动化。因此，体育教学方法的运用要注意到学生对运动技能掌握程度的变化：在学

生掌握比较生疏的时候，教师要灵活地运用教学方法激发学生学习和练习的兴趣，并进行保护和帮助，然后再逐渐过渡到大胆地放手让学生自己练习，从而让学生掌握独立运用体育技术的方法。

第三节 基于有效教学理论的高校体育教学方法创新策略

一、高校有效体育教学方法的发展趋势

（一）现代化趋势

在现代化发展过程中，体育教学的现代化十分明显。体育教学现代化的重要表现之一是教学设备的现代化，通过对先进技术手段的运用，教师能够更好地开展教学活动，学生可以更好地参与体育学习。而且，通过运用先进的现代化设备，教师可以对学生的身体素质有一个更加全面的了解，从而有针对性地对运动训练的负荷量进行安排。在教学管理方面，现代科技的运用可以为学生的学习和生活提供更加便捷的服务。随着现代社会的不断发展，体育教学的各项技术将得到一定程度的创新与发展，其教学方法也必然呈现出现代化的创新性发展趋势。

（二）心理学化趋势

在心理学中，学习是一个较为复杂的心理过程。在体育教学中，学生学习是一项既涉及知识记忆，又涉及动作技术记忆的复杂形式。随着心理学研究的不断深入，学习过程的各个要素与阶段开始被人们逐步认识，并且在具体的教学实践过程中，心理学的相关理论得到了一定的运用，并发挥了积极的作用。在体育教学方法的发展过程中，很多心理学的研究成果都得到了不同程度的应用，这对于促进体育教学质量的提高具有积极的影响。另外，体育教学方法的运用还肩负着提高学生的意志品质，发展学生的健康心理等培

养目标，通过对相应的心理学知识进行采用，体育教学方法在这些方面的目标才能得到顺利实现。

（三）个性化与民主化趋势

现代体育教学方法正在逐渐向个性化、民主化的趋势发展。在传统体育教学过程中，强调教师的主体地位，在教学过程中只重视教师的教，教师组织教学活动也没有对学生个体之间的差异性进行充分考虑。随着体育教学的深入改革与发展，社会越来越重视学生个性的发展，因此体育教学方法的发展也必然呈现个性化的创新趋势。个性化的教学方法改革和创新不仅有利于学生的全面发展，还有利于社会的进步。

体育教学方法的民主化发展也是大势所趋。随着体育教学过程中民主意识的崛起，民主化体育教学方法将得到进一步的重视与更加广泛的采用。

二、高校有效体育教学方法的创新策略

（一）从教学要素整体着眼，合理编排体育教学方法

在体育教学过程中，教师根据并运用课程教材来使学生学习，最终实现教学目的，一定要借助一系列方法，所以说教学方法是教学活动中的关键因素之一。体育教学方法包含教师在课内与课外使用的教学方法、教学艺术、教学方式。体育教学方法常常会受到课程内容的限制，通过学生顺利实现教学目的或教学效果。师生是体育教学方法连接的两个端点。

一般来说，体育教学效果的评价由学生反映，同时体育教学方法仅在作用于学生后方可产生效果。连接两端的主体依旧是师生。对体育教学效果产生作用的因素包括两个方面：一方面是教师传授知识和技能的能力以及体育教学方法执行情况，另一方面是学生的内化、吸收以及创新。换句话说，体育教学方法两端的主体是决定方法实施效果的核心，两者密切配合是形成最佳效果的重中之重。

编排教学方法对师生有连接作用，具体表现在两个方面：一方面，教师各方面的素质和实际情况不仅会对选择和运用教学方法产生影响，还会对改编与创新教学方法产生更大的影响；另一方面，学生各方面的素质和实际情况会对体育教学方法的实际效果产生影响。由此可知，教师不但要坚持提升教学水平，而且要对学生的接受能力与内化程度了然于心，通过师生协作实

现“教学相长”，集聚教师和学生的力量来创新体育教学方法，改善体育教学效果。

（二）从实际情况入手，扩展、改进体育教学方法

体育教学方法有很多，教师要提高体育教学方法的实际效果，就一定要充分联系实际情况。不仅要考察和分析学校场地是否宽裕、各项器材配备情况，还要兼顾开展体育课的实际条件。

受城乡区域差异和经济发展状况差异的双重影响，不仅无法保证我国所有高校的设备都相同，还无法保证所有高校的设备都可以满足体育教学的需求。当教师不得不面对条件不允许的情况时，应当适度扩展和优化体育教学方法，促使体育教学方法和体育教学实际更加吻合。毋庸置疑的是，体育教学方法的扩展和改进仅仅是一种手段，终极目标是充分适应体育课的需求，促使学生的健康水平得到大幅度提升，增强学生的创新意识，提高学生的创新水平。

扩展体育教学方法就是对教学方法的功能与应用范围加以拓展，集中反映在体育教学的组织形式上。以教学分组为例，过去是把人数当成分组依据，但在教学改革持续深入的背景下，很多体育教师意识到教学组织形式包含很多种，所以分组依据越来越多元化。常见的分组依据分别是实际兴趣、伙伴朋友关系、实际基础与水平、性格特征等。

改进体育教学方法是指在之前所用方法的前提下，教学通过总结来改进不足或导出崭新的教学方法。改进法在教学实践中的应用频率较高，如优化组织形式、改良教学方式等。

（三）从教学效果出发，优选、组合体育教学方法

体育课是根据完善的教学程序开展授课活动的，教学过程的常见特征分别是完整性与独立性。对于教学的全过程来说，体育教学方法仅仅是一项组成要素，但其同样是达到教学目标、完成教学任务的直接方式，各项要素的协作成效是体育教学效果的决定性因素，最突出的是过程和结果的关联。就教学效果来说，对体育教学方法进行科学的选择和优化，全面发挥系统论理论的作用，把“教”与“学”视为“动态系统”，将目标—方法—效果融于教学环境之中。因此，教师在采用体育教学方法时应当“瞻前顾后”，把教学目标完成情况、教学任务完成情况以及实际效果都考虑在内，把学习的内

在过程摆在重要位置，营造良好的教学环境，保证学生的主观能动性可以被有效激发出来。深刻认识到组合与联合使用体育教学方法的重要性，促使方法“合力”的实际效果达到最大化，在设计体育教学方法时，教师应当把各方面因素考虑在内，尽可能掌控好各方面因素，最终顺利达到教学方法的“一体化”效果。

相关调查表明，32.4% 的体育教师的教学方法没有变化，30.3% 的偶尔有些变化，所以学生认为体育课无趣的想法也不足为奇。优化组合的目的在于顺利达到目标，通过叠加各种方法来发挥整体功效。从根本上说，组合就是创新教学方法。例如，将讲解法与示范法有机结合在一起，实现讲解与示范同步的效果，再利用讲解法来启发；将讲解法与完整法有机融合在一起，比如，在跳高教学中，先对起跳和过杆动作进行分解传授，然后完整添加助跑与落地动作，末尾分解教学细节动作。改造侧重于加工与改编实施手段、实施工具。很多传统手段经过加工改造后不会对达成目标的功能产生负面作用，相反会激发学生探究、求知的欲望。例如，借助图片或录像模仿具有代表性的动作，组织学生观看，不仅可以达到形象逼真的效果，还无须教师纠错讲解，学生可以凭借自己发现问题，找出解决问题的对策，使其在发现和解决问题的过程中受到启发。

（四）从学生未来发展考虑，统整筛选体育教学方法

体育课在学生发展过程中发挥着巨大作用，学生的很多性格、价值观、人格都是在学生时期形成的。由于体育学科相对特殊且包含很多种运动项目，因此对学生产生的作用十分明显，不仅会对学生身体健康和心理健康产生影响，还会对学生的人生观和价值观发挥作用。体育教学方法包含很多种样式，站在推动学生今后发展的立场来分析，统整筛选体育教学方法，特别是要对那些由多种手段组合的教学方法实施筛选和统整，一方面，这些教学方法对学生今后发展有十分深远的作用，应当加大运用力度；另一方面，在运用这些教学方法时，应当有目的、有针对性，严禁过多使用。体育教学方法是达到体育教学目标的重要方式，虽然体育教学目标可能是单一的，但其具体途径有很大的选择空间，各种途径往往是最节约精力、最直接的，这就是所谓的统整筛选的作用。

如果教师不精心筛选，则在达成目标的过程中难免会走弯路，体育教学的实际效果也会受到影响。

1.提高整个社会对体育教学的认识程度

如同树立终身学习的概念那样，要帮助学生树立终身锻炼的概念。在现阶段，很多人不能深刻理解锻炼的意义，只是觉得学生参与体育锻炼没有学习文化知识重要。要想促使广大群众更加认可体育教学，一定要先让人们深入理解体育教学具备的积极作用，或者在高考成绩中增加学生身体素质的分数。

2.优化体育课程的设置

（1）教师根据一定的原则进行课堂教学设计。教师在设置课程时，要注意课程的系统性、方向性、组织性、针对性、趣味性、可操作性，还要符合学生生理特征。教师设计的体育课堂应该是以学生为主体的，要以吸引学生的注意力为主要目的，只有让学生对这门课程产生学习兴趣，课程才会顺利进行，否则将会困难重重。

（2）教师要充分发挥自身作用，正确引导学生。因为体育课程有助于学生处于放松状态，所以在采取各类教学方法时，教师一定要平等对待全体学生。无论学生的文化课成绩怎样，都需要积极带动学生成为体育课堂教学的参与者。文化课成绩往往会在学生中画出一条线，这条线会使学生之间产生距离感，而体育课对消除这种距离感有很大的积极作用。对于体育课这个平台来说，学生付诸努力就有可能取得良好成绩，和基础的关联较小，所以教师稍加引导，就可以让班级产生和谐的氛围。除此之外，在体育锻炼中，学生可以更加深刻地感受输与赢的意义。

（3）在课程中充分体现出运动的娱乐性：分析现阶段已经存在的体育课设置可以发现，体育课把整齐、规范摆在过于重要的位置，这使得运动失去了娱悦身心的作用。从根本上说，运动就是一种玩的方式，只有在体育课程中反映运动具备“玩”的本质，方可把学生的自觉性充分调动起来。只有学生玩得高兴，才能保证教师将这节课的作用发挥到最大，促使学生把在教学过程的积极性发挥到最大，促使学生全面领会到运动锻炼的目的，如此也有助于增加学生在下一门课中集中注意力的时间，最终使学习效率得到大幅度提升。

（4）加强关于体育课设置的监管力度。不断提升升学率是学校扩大知名度的重要策略，我国目前存在对上体育课的监管力度不足的问题。如果可以加大监管力度，则对保证学生每天的运动时间有很大的积极作用。从本质上说，完善政策就是有效防止学校课程设置出现不合理现象，但该点需要适度增加宣传力度。需要说明的是，有效的监管手段不仅能为体育课课时充分提供保障，还能提高体育在广大群众心中的位置，有效解决创新教育理念下体育教学出现的尴尬问题。

第六章　基于有效教学理论的高校体育教学模式探索

第一节　高校体育教学模式的基本认知

一、体育教学模式的概念界定

教学模式是按照一定原理设计的一种具有相应结构和功能的教学活动模型。教学模式综合考虑了从理论构想到应用技术的一整套策略和方法，是设计、组织和调控教学活动的方法论体系。

“教学模式”一词最早是由美国学者乔伊斯和韦尔等人提出的，他们认为教学模式是“试图系统地探讨教育目的、教学策略、课程设计和教材以及社会和心理理论之间的相互影响，以设法考察一系列可以使教师行为模式化的各种可供选择的范型”。[①] 综而观之，当前国内大致有以下几种观点：结构论、过程论、策略论、方法论等。这些观点的相同之处是都指出了教学模式的稳定性特点；不同之处是结构论确定教学模式是某种“结构”，方法论将其视为某种“方法”等。因此，要揭示教学模式的本质，须从其上位概念“模式”谈起。模式的概念涉及人的两方面行为：一是对事物的稳定的认识，二是对事物的稳定的操作。前者构成认识模式，后者则构成方法模式。所以，认识模式和方法模式才应当是教学模式的两层基本含义。由此可见，教学模式是教学形式与方法的统一体，其中“过程的结构”是“骨骼”，

---

① 孙新，荣爱军．教学“新模式”引领优质课堂 [J]. 考试，2015（35）：74.

“教学方法体系”是“肌肉组织”。

就体育教学模式而言，我们把体育教学模式的概念定义如下：体育教学模式是蕴含特定体育教学思想，在特定教学环境下实现其特定功能的有效教学活动结构和框架。教学模式是对教学经验的概括和系统整理，教学实践是教学模式产生的基础，但教学模式不是已有的个别教学经验的简单呈现。同时，教学模式被看作沟通理论与实践的桥梁，既能用来指导教学实践又能为新的教学理论的诞生和发展提供支撑。与其他学科教学相比，体育教学是一个比较复杂的教学过程，它与学习过程、游戏过程、训练过程等有着密切关系。因此，认知的规律、身体锻炼的规律、技能形成的规律、竞赛规律等都是体育教学过程中必须遵循的规律，体育教学模式必须反映这些方面的特点。

二、现代体育教学模式的特征

综合国内相关研究成果，可以总结出现代体育教学模式应体现以下特征：

（一）全面性

高校体育教学模式有一套系统的结构，在实施当中必须遵循教学规律，即学生的认知规律、运动技能形成规律、运动负荷规律、情感体验等，只有理论成熟了，才能指导实践教学，两者相互作用，最后系统地形成一个完整的体育教学模式。在教学观、教学目标、教学方法、教学手段等方面要比传统的教学模式有所发展，教学目标要全面。

（二）稳定性

一套完整的高校体育教学模式是在理论或教学思想基础上提出来，然后经过反复的实践证明，所以它具有相对的稳定性。它是教学实践活动的理论概括，在一定程度上揭示了教学活动，带有普遍规律性，它不涉及具体的学科内容，只是为教师提供了一个教学行为框架，通过运行相应的教学方法体系，使教学过程具有很强的操作性并实现程式化，以便教师在课堂上有章可循，运用自如。

（三）多元性

现代体育教学模式要符合和体现现代先进教育思想和教育理论要求，具有可行性和推广性。同时，由于不同的教学内容、不同性别、不同年龄层次等都具有自身的特性，体育教学评价应朝着多样性、综合性、过程评价与终结评价、自我评价与集体评价方向发展。因此，体育教学应注重统一性与灵活性相结合，建立多元的新型课堂教学模式。

（四）针对性

没有任何一种体育教学模式是万能的，它有一个适用范围，由于现在高校体育的教学目标、教学内容、教学评价都呈现出多元化的局面，决定了教学模式的多样性，所以高校体育教学模式要根据教学的指导思想及所处地域和学校实际的特点来确定适用范围，应具有很强的针对性。特定的教学模式要达到特定的教学效果，因此每一种教学模式都要有其明确的效果评价的标准。这样的体育教学模式符合新一代青少年群体的生理与心理特点，有助于激发大学生积极参与体育锻炼的内部动机，平衡外部动机，能够满足他们的多样性需求，有利于大学生长期坚持体育锻炼。未来的普通高校体育应根据新的教学理念构建新的体育教学模式，积极吸收和借鉴国内外的先进教学理念，在实践中不断发展创新，使体育教学充满生机与活力。

三、体育教学模式的结构和功能

（一）体育教学模式的结构

体育教学是一个可控的开放系统，其中包含了教学思想、教师和学生、课程教材、教法、学法、场地器材及结构程序等诸多要素。体育教学模式的研究就是对体育教学活动中各要素之间组合的整体设计。系统科学整体优化原理认为，任何系统只有通过要素和结构的优化，才能实现其整体功能的优化。根据系统科学的原理和体育教学模式的概念特征，我们认为，体育教学模式主要包括教学思想、教学目标、教学活动程序三个基本要素。假如试图建立一个“发现学习教学模式”，那么，启发学生发现思考问题、发展学生认知能力就是这个教学模式的指导思想，这一思想决定该教学模式的性质、研究方法和效果评价，并起到指挥作用。根据指导思想确立教学活动所要达到的教学目标，然后建立一个具有“能让学生发现问题和解决问题”的教学程序，即“设定问题—提出假设—验证学习—集体讨论—得出答案”，该过程既体现在单元的结构中，也体现在课的结构里，形成“发现学习教学模式”的基本轮廓。当上述三个基本方面的要素都具备时，教学模式就基本形成了。

（二）体育教学模式的功能

人们将模式引入教学论中是想架起教学理论与教学实践之间的桥梁。所以教学模式就其功能来讲，具有实践和理论两个方面的功能。

促进体育教学理论向教学实践转化。体育教学理论是人们多年教学成功经验的总结。随着教育和体育科学的进步，体育教学理论的发展非常迅速，许多相关学科的理论渗透到体育教学理论中。但在众多理论相互交叉渗透的同时，难免有相互矛盾和难以统一的问题。对此，体育教学理论往往采取折中的方法，用许多什么与什么“相结合”等难以具体操作的词语来表述，不便于在体育教学实践中具体贯彻。采用体育教学模式的方法，可使理论顺利地向教学实践转化并具体运用。例如，在“合作学习”模式中，对学习体育技术困难的学生采取了十分有效的指导方法，合理落实了“相结合”的问题。

使体育教学经验升华为教学理论，提出相应的体育教学模式，提炼教学实践经验中之精华部分，由此再对提出的教学模式进行实践验证，经过反复验证的教学模式则可以得到推广。由此使原本具体零散的经验上升为教学理论的雏形或修正充实原有的理论。

四、我国高校体育教学模式分析

一直以来，我国对体育教学模式的研究都相对较少，但是已经建立了体现一定教学思想和规律的教学过程结构。人们往往用“教学过程结构”来代替教学模式，这种提法难免存在一定的偏颇。笔者把我国体育教学实践中有一定代表性的体育教学模式分为以下五类：

（一）运动技能传授模式

运动技能传授模式是一种以运动技能教育观为指导，以运动技能的形成规律和认知规律为主要依据设计教学过程结构的模式。在目标方面，主要是传授体育的基本知识、基本技术和基本技能，通过“三基”的传授来完成体育教学的各项任务。

（二）运动技能传授为主、身体锻炼为辅的模式

运动技能传授为主、身体锻炼为辅的模式是以“全面教育”的体育教育

思想为指导，构建教学过程结构的一种体育教学模式。教学目标是运动技能的传授和身体锻炼。

（三）提高身体素质教学模式

这种模式是在教师的指导控制下，学生进行各种身体素质练习，并规定负荷与休息的交替，以发展学生身体素质为中心的一种体育教学活动体系。指导思想以发展学生身体素质为主导，遵循学生生理和心理活动起伏变化规律和负荷与休息合理交替的规律。教学目标是发展学生身体素质，增强学生体质。

（四）培养体育能力教学模式

这种模式是在教师的引导下，通过学生的自我探索尝试，以培养学生体育能力为主导的体育教学活动策略。指导思想是在教师的引导下，通过学生的自我探索、自我练习和发展来培养学生的自学、自练、自评、自控和互帮互学等各种体育能力。教学目标为培养开发学生各种体育能力，为终身体育奠定基础。

（五）发展学生个性教学模式

这种模式是从不同年龄段学生的兴趣出发，采用多种教学内容、方法、手段和组织形式，以发展学生个性为核心的体育教学活动策略。教学目标是通过丰富多彩的体育教学活动来发展学生个性，为培养个性充分发展的现代人服务。

五、高校有效体育教学模式的创建

现代社会越来越关注教学的有效性，只有保证教学效率，才能为社会培养人才，才能促进高校体育的可持续发展。对于我国体育而言，对传统的制度与方法进行改革，注重提高体育教学的实用性与实践性具有十分重要的意义。

（一）确立体育教学指导思想，明确体育教学目标

正确教学思想的确立是有效体育教学实现的基础。在以往的体育教学中，大多数课程以完成体育项目考核为主，竞技体育与文化体育之间没有

实现更好地融合。现代体育的改革应从这一点入手，强调终身体育观，将“健康第一”的体育指导思想放在首位，以此来确立体育教学目标与教学方式。针对以往的教学误区，要制定新时期的合理的体育教学目标。有效体育教学的目标通常分为三个阶段：第一阶段是创建合理的教学模式，并进行理论的传播与实践的培养；第二个阶段是审核体育教学目标的可实施性；第三个阶段是实现体育教学的基本目标。以学生为主，培养学生的体育综合素质，满足体育教学的基本目标，即为有效体育教学。

（二）分析教学情境，营造良好的体育教学环境

体育教学的实践性较强，只有在具体的教学情境中才能体现出实际意义。教学资源对于体育的影响也较大，要提高体育教学的有效性，就要在满足资源基本需求的基础上对教学情境进行分析。我国体育发展由于城市的不同而各有所长，体育也蕴含着大量的文化特征。要从两个方面分析：一是学生的兴趣需求，二是学校的基础资源。为了营造良好的体育教学气氛，还要激发学生的主观能动性。新时期，高校应注重针对性体育项目的实施。对于体育项目的发展来说，要注重内容的有效性，对于学生健康益处大的要多培养；在学校教师的聘请上，还要注重其对体育教学目标的掌握，注重其对学生技巧性上的引导。采取多样化的教学方式，建立衡量体育教学有效性的标准，注重实用性的实现。最后，还要注重学生的教学反馈，通过调查、课堂考查以及教师指导等多种方式来获得对学生的客观评价，基于此，对于教学环境进行进一步的调整。学生作为学习的主体，其最终的知识获得和能力提高是教学的主要目的，因此，有效体育教学的提高要注重对于学生的考核。在这一过程中，教师必须要真实与尊重，并且要关注与接纳学生的不同。对于体育教学来说，激励也是培养学生兴趣的关键方法之一。在教学中，教师应树立赏识的教学理念，及时发现学生存在的心理问题以及对于教学的意见，教师要善于与学生沟通，给学生亲近感，这样学生才能主动提出其对教学的看法，从而促进体育教学的发展。

（三）细化体育教学有效性的指标体系

在当下发展过程中，体育教学的主要目标是对基础教育中的核心要素进行改革。进入新时期，体育改革的话题已经无处不在，对于中小学的延续也成为高校体育教学多年来发展关键的主要问题。改变体育教学的评价目标可

以进一步促进体育教学的发展。我们从效益、效果和效率三个方面对现代体育的过程进行分析。首先，体育教学的效益是其对社会的影响。在现代社会中，体育不再限于校园，学生最终会走上社会，体育对社会具有深远的影响，因此体育的有效性提高应注重其社会性的体现，体现出其对社会的积极影响意义，拓宽高校体育的影响范围。其次，体育的效果在于高校体育教学的基本单元，要制订合理的年度教学计划以及每一个阶段的教学计划，使教学具有目的性和层次性。最后，在效率上，高校体育始终欠缺，在多年的体育教学中，始终坚持教师讲授、示范，学生模仿的方式，在技能上对于学生有一定的影响，但是影响很小，多数学生毕业后并没有真正掌握一门体育技能，并且并没有养成终身体育精神。对于体育教学而言，练习密度影响课堂效率的主要原因，是由体育与健康课程“以身体练习为主要手段”的课程性质来决定的。

第二节　合作学习体育教学模式

一、合作学习教学模式概述

（一）概念

合作教学是一种与权力主义、强迫命令的教学观相对立的新的教学观，它是由当代格鲁吉亚杰出的儿童心理学家、教育家阿莫纳什维利提出的。合作教学实验的显著特点是：从尊重儿童的人格与个性出发，建立新型的师生关系，将学生在游戏中固有的自由选择和全身心投入的心态迁移至教学过程中，从而在师生真诚的合作中实现教学目的。

（二）基本原理

1.教学过程的发展性原理

合作教学认为，每个学生都具有无限的潜力和可塑性，教学与教育能最大限度地发挥学生的潜能。

2. 教育过程的人性化原理

合作教学提出，要保证人性化的贯彻与实施，教师应做到以下三个方面：第一，热爱学生；第二，使学生的生活环境合乎人性；第三，在学生身上重温自己的童年。

3. 教学过程的整体化原理

教学过程就是要发挥学生的自然力与生命力。

4. 教学过程的合作化原理

在现实社会中，学生常常希望成长，但也想玩；愿意学习，但不想失去自由。因此，教师就要做到与学生合作，并从学生的立场出发组织教学。

（三）方法

合作教学需要有一种能激发学生兴趣的师生关系和一套能鼓励学生自愿参加教学活动的方法。具体方法如下：

1. 教会学生思考

教学中，教师可以让学生耳闻目睹教师的思维和解题过程；教师还可以鼓励学生怀疑、反驳、论证教师的观点。

2. “夺取”知识

合作教学认为，教师不应把知识填入学生的头脑中，而应当引导学生与教师“夺取”知识，并使其在这种“搏斗”中体会成功的快乐。

3. 充分利用黑板

合作教学认为，板书是师生双方交流的主要手段。

4. 说悄悄话

说悄悄话是课堂提问的一种特殊方法。答案对与错，由教师给予奖励、安慰等评语，有利于保护学生的积极性与自尊心。

5. 由学生当老师

合作教学认为，教师应当像演员一样，在教学中与学生一起做游戏，使学生感到自己从事的是自己愿意干的重要事情。

二、合作学习体育教学模式的应用意义及可能性

（一）体育教师能够以一个教育者的身份开展学校体育工作

对于所要求的体育教师来说，他一定要是在教育方面有过相应的研究，是教育学的专家或者是学者，与此同时，他所做的工作和其他教学科目在根本的目标设置上并没有具体的差别。如数学老师，他们是通过算术几何以及求解方程等形式来发展和提高学生智力，可以让学生得到全面的提升；语文老师则是通过文字和语言来发展学生的智力，提高学生的整体素质和文化水平，让其得到全面健康的发展；而对于体育老师而言，他们应该通过体育锻炼和运动来提高学生的身体素质和智力，促进学生的体育水平的提高和身心的发展。尽管各学科老师所使用的手段和方法不尽相同，但是他们根本的教育教学目标是一致的，都是为了学生的发展，促进学生全面提高和智力发育。

（二）体育教学的组织工作为合作学习创造了良好的机会

体育教学工作和其他学科教学相比，更加灵活多变，这就导致体育教学在组织和实施方面较为复杂。在体育的教育教学过程中，因为体育学科内容每年都在变化，导致体育教学的方法也在不断变化，甚至造成教师、学生的角色主体地位也在发生着变化：有的时候学生是练习者，有的时候学生成了课堂的指导者，或者有的时候学生变成了课堂的帮助者。因为有这种角色的变化，就会产生合作的机会，因此教师一定要在体育教学过程中合理地运用合作，帮助和引导学生进行合作交流，这样才能完善体育学习，从而达到最佳的教学效果。这样不仅可以帮助学生学习体育知识，还可以帮助学生在未来的发展过程中掌握更多做人的道理。在体育教学过程中，教师一定要鼓励合作学习，掌握各种知识和技能，并且在合作学习的过程中培养学生的情操和高尚的人格魅力。

（三）体育教学的内容和方法为合作学习提供了基础和条件

对于体育教学来说，在体育课堂上有很多运动和活动是需要以身体为基础进行练习的，同时也要接受一定负荷的运动量，这是体育教学和其他教学科目的不同之处。在体育教学的过程中，许多的运动项目和教学内容都是需要集体完成的，同时也存在相互配合的特点，这就使合作学习在体育教学过程中产生了存在的基础和条件。在体育教学过程中，对于集体项目的练习，

一般都是通过合作完成的，如球的传接。对于传球者来说，要尽量把球传到位，而对于接球者来说，也要尽量注意球的落点和方向，将球接好。只有接球和传球两者相互配合，才能完成训练。在体育教学过程中合作学习比比皆是，同时对于集体项目来说，合作学习也是完成集体项目的根本条件之一。因此，教师一定要认真注意和把握合作学习的练习，从一个教育者和研究者的身份出发，通过体育教学，合理安排和帮助学生进行学习，使学生在体育学习的过程中认识到合作的重要性，从而逐渐完善学生的个人品格。

三、合作学习体育教学模式的理论依据

（一）人本主义教育思想

以马斯洛为代表的人本主义心理学所主张的教育思想对当代学校教育产生了广泛的影响。它强调“以人为本”“以学生发展为中心”，重视人的个性需要、价值观、情感、动机的满足，从满足主体生存需要的角度来发展学生的潜能。人本主义教育思想在学科教学中体现的就是主体性教学思想，在教学过程中充分发挥学生主体作用，最大限度地调动学生的自觉性、积极性、创造性。体育是“人”的体育，是人类文化的积淀，也是人类精神的乐园。体育学习是学习者认识自我这个主体尤其是对自我身体运动的认识，主动变革其身心的特殊的认识和实践过程。

（二）学校体育为终身体育奠定基础的体育思想

该思想强调学校体育要为人的终身体育服务，要为终身体育打好身体、技能、兴趣与习惯等基础，学会自主学习和锻炼，具有自主学习、自主锻炼和自主评价的能力等。该思想认为运动兴趣和习惯是促进学生自主学习体育和坚持体育锻炼的基础，体育教学应基于参加者的需要、兴趣等。因此，培养学生的自我体育意识是实现终身体育的核心问题。

（三）自主学习、合作学习的理念

无论有无他人的协助，一个人都能主动地诊断自己的学习需求，建立学习目标，确认学习所需要的资源，并评价学习成果，这种方式便是自主学习。合作学习是指在自主学习的基础上，学生在小组或团队中为完成共同的任务，有明确的责任分工的互助性学习，合作可以产生更多的灵感，获取更大的收

益，得到更好的体验。体育学习正需要自主、合作的学习方式，由于每个学生在身体、技能、兴趣和爱好等方面存在差异，体育教学应给学生更多的自主、合作学习的机会，让学生学会自主地、生动活泼地与同伴合作学练体育，最终达成学习目标。学生的学习是被教师承包的，从备课、上课到布置作业全都是教师根据自己设想的如何教而设计的，学生对设计的思想及动机一概不知，学生就是被动观察、模仿、训练或练习，他们越来越没有激情，越来越依赖教师，离不开教师。因此，要让学生做自己学习的主人，学会自主合作学练体育，就必须有一种适合自主合作学习的教学模式，使学生把握自己的学习，而不是被教师驾驭学习。

四、合作学习体育教学模式的应用

（一）适用范围与教学原则

1. 适用范围

我们认为自主—合作体育教学模式需要学生具有较强的自我控制和自我管理的能力。由于体育教学要适应学生身心发展规律，我们利用自身教学的有利条件，在高校公共体育课和中学体育课教学中进行了实践，确定了自主—合作体育教学模式最适合的范围是高中生和大学生体育课。

2. 教学原则

教学原则是保证教学效果的基本要求，运用自主—合作体育教学模式除了应遵循一般的体育教学原则，还应把握以下原则：

（1）自主性原则。教师应尽量设法提高学生学习的自主性。

（2）情感性原则。自主—合作体育教学模式更应重视情感教学，教师富有人情味的教学，可以促使学生更自觉地趋向学习目标。

（3）问题性原则。教学必须带着问题走近学生，问题的设计要针对学生的实际，要科学地动用教育学、心理学的理论分析课堂教学的各组成因素。

（4）开放性原则。主要包括三个方面：一是课堂教学形式要有开放性，二是课堂问题设计要有开放性，三是由点到面、由此及彼地去解决学习问题。

（二）合作学习体育教学模式的应用

1. 构建以大学生为主体的学习共同体

所谓学习共同体，是指为完成真实任务或问题，学习者与其他人相互依赖、探究、交流和协作的一种学习方式。在高校体育教学中构建学习共同体，就是要突出大学生的学习主体性，促进大学生主体、大学教师主体等各类主体之间相互依赖，通过交流与协作完成教学目标，实现大学生的发展。

（1）高校体育教学中学生的主体地位。要改变高校体育教学中的问题，必须突出大学生在体育锻炼中的主体地位，提升大学生的学习主体性，增强大学生参与体育活动的主体意识和创新能力，使其主动地、创造性地获取运动经验，并促进其生理反应、身体素质和心理倾向性的较持久的变化。

当代大学生中有一部分人参与体育锻炼的主体意识非常淡薄，因此，要增强大学生体育运动的主体性，首先就要激发他们的主体意识，使他们形成参与体育活动的内驱力，在相应的活动内表现出一种稳定的心理倾向，使体育活动、体育锻炼成为他们生命的存在形式，成为他们稳定的内在需求。当所有的大学生都自觉自愿地组织并参与多彩的体育活动时，当体育锻炼成为大学生文化的必要组成时，高校体育教学的使命才能真正达成。

（2）高校体育教学中教师的主导地位。在高校体育教学中发挥学生的主体地位，并不意味着教师地位的降低，而是将教师的主体性转变为主导性，建立一种教师为“主导”、学生为“主体”的教学模式。大学阶段是大学生人生中的重要转折阶段，大学教师对于引导大学生一生的发展都有着不可忽视的作用。如果没有体育教师的参与和引导，大学生的体育活动就没有明确的方向、不能保证大学生掌握体育基础知识和基本技能、不能打通大学生的知识世界与生活世界、不能保证大学生的合作能力和创新能力等多种能力的健康发展。由于大学生的年龄特点，大学生的各项学习和活动的开展仍需要得到教师的监督，如学习主动性和积极性的激发。然而，教师的主导地位绝不意味着教师在教学过程中是“给予者”“决定者”等角色，而是“激发者”“促进者”“协调者”“辅导者”等角色。

（3）促进高校体育教学中主体间的交往与合作。将高校体育教学置于主体间的范畴下探讨具有时代意义。主体间教育指在教育、教学活动中，和谐共处的教育主体共同作用于教育客体而构建的主体间的关系属性。在高校体育教学中建构主体间的关系主要指的是学生与教师主体间、学生与学生主体间的交往与合作。一方面，体育活动的顺利进行并非取决于运动项目本身的特点，而是取决于活动主体之间的关系。在体育课堂上和课外体育活动中，只有教师与学生都主动地进行交流与合作，才能达成共识、增进理解、促进融合。另一方面，体育活动中师生之间的交往建立在传递基础知识和基本技能的基础上，但同时教师还应帮助主体间建立情感、信念、意志、道德等方面的共识。

（4）高校体育教学由课堂内向课堂外的延伸。高校体育教学不仅包括体育课堂内的活动，还包括大学生在大学校园生活中自觉、自发、自愿地组织和参与的各类体育活动。这实际上是终身体育理念的一个组成部分，即促使大学生的学习由课堂内的知识世界转向课堂外的生活世界。要通过这种延伸实现两种目标：心理健康目标和社会适应目标。心理健康目标包括：大学生能根据自己的能力设置体育学习目标；自觉通过体育活动改善心理状态、克服心理障碍，养成积极乐观的生活态度；运用适宜的方法调节自己的情绪；在运动中体验运动的乐趣和成功的喜悦。社会适应目标包括：表现出良好的体育道德和合作精神；正确处理竞争与合作的关系。

2. 以基于活动的合作学习方式进行教学

合作活动学习就是以合作为学习的存在形式、以活动为学习的优化形式的多样合作与多样活动融合创新的教学实施方式。在高校体育教学中实施合作活动学习，就是要建立一个完整的教学过程，形成一种新的教学实施形式，包括学习目标具体化、学习内容结构化、学习过程协作化、学习环境生态化和学习结果反馈化五个方面。其操作体系以学生交往的内外活动为主。

（1）学习目标具体化——设定合作基调。学习目标具体化是指在学习活动开始前就应预设并明确活动结束时可能产生的结果或行为。而在体育教学的合作活动学习中，体育教师和大学生这两类主体应该在活动开始前设计明确的知识目标、技能目标、情感目标等教学目标，且要明确设定体育活动的合作基调。体育教学的过程和结果与普通文化课的教学有很大区别，体现在教学环节的连续性、课堂活动的主体参与性以及教学效果的实时反馈化等方面。

高校体育教学要实现两种任务，即促进大学生的身体发展和促进其心理发展。在此基础上编制高校体育教学中的五领域学习目标。

①运动参与目标：积极参与各种体育活动并基本形成自觉锻炼的习惯，

基本形成终身体育的意识，能够编制可行的个人锻炼计划，具有一定的体育文化欣赏能力。要积极参与各种体育活动，无论是课堂内的体育活动，还是课堂外以学生为主体组织的各类体育活动。除了要实现上述基本目标，还应使学有余力的学生和有某些运动特长的学生的锻炼习惯、健身运动计划、体育文化素养和观赏水平进一步得到提升。

在运动参与目标的指导下，课堂内外的各项活动均应围绕着培养和激发大学生的参与意识和主体意识来展开，而且这类活动要以主动参与合作型的集体活动为基调。因此，应突出参与合作活动的目标并进行详细说明，形成体育教学活动化、合作化的模式。

②运动技能目标：熟练掌握两项以上健身运动的基本方法和技能；能科学地进行体育锻炼，提高自己的运动能力；掌握常见运动创伤的处置方法。在此基础上，同样要使学有余力的学生和有某些运动特长的学生积极提高其运动技术水平、发展运动才能，以及参加有挑战性的体育活动如野外拓展活动、运动竞赛等。

要使大学生明确运动技能的形成并不能只靠自己来完成，而是要通过与其他主体的交流、互动与密切合作才能实现。运动的魅力来自其主体之间、主体与客体之间的交往，因此，高校体育教学的运动技能目标中应突出通过合作发展运动技能的特点。

③身体健康目标：能测试和评价体质健康状况，掌握有效提高身体素质、全面发展体能的知识与方法；能合理选择人体需要的健康营养食品；养成良好的行为习惯，形成健康的生活方式；具有健康的体魄。

④心理健康目标：根据自己的能力设置体育学习目标；自觉通过体育活动改善心理状态、克服心理障碍，养成积极乐观的生活态度；运用适宜的方法调节自己的情绪；在运动中体验运动的乐趣和成功的喜悦。

体育活动、体育锻炼除了对人身体素质的提高和发展之外，最重要的贡献在于其对人的心理因素的影响。高校体育教师有责任引导大学生提高其对运动的热爱，使大学生形成积极乐观的生活态度，提升大学生不畏困难险阻的顽强意志品质，通过运动来释放和调节自身的各种压力，通过彼此之间的交流与合作提升大学生对社会群体生活的适应，让大学生体验到运动的魅力并养成自觉自愿锻炼的习惯，使之成为其生命的组成部分和存在形式。

⑤社会适应目标：表现出良好的体育道德和合作精神；正确处理竞争与合作的关系。

通过体育活动，让大学生明白竞争是活动的重要形式，可以激发主体的主动性、调动主体的积极性和强烈的求胜欲望，有利于最大限度地激发主体的潜能、提高学习与工作的效率，有利于促使主体在竞争与比较中客观地进行自我评价，发现自己的局限性并加以改进和提升。而合作是活动的基本形态，只有各主体间发生良性的合作，才能使活动整体呈现出良好的态势，促使团队集体价值的实现。总之，教学目标决定着教学内容的选择和各个内容模块的分量，决定着教学评价的方式。

（2）学习内容结构化——以任务为导向。以任务为导向，即在体育教学中建立问题解决模式，使大学生从做中学，保证大学生拥有与利用丰富的学习机会，真正获得学习经验。问题解决模式是多种具体教学方式的集合体，包含着“以问题为定向、以探究为过程、以解决为目的”的共同特征。

以任务为导向的学习还包括大学生走出课堂、走出教学场域、走向校园、走向社会、回归生活世界。通过同伴活动、社区活动等其他社会活动，主动建构认知结构，完善大学生的心理适应能力，提高大学生心理健康水平，塑造大学生整体人格。

未来高校体育教学的重要转变就在于改变大学生的学习内容和学习方式，真正使大学生的体育锻炼以活动为主要形式、以任务或问题解决为主要内容。结构化指的是课堂内和课堂外均要形成大学生解决问题的活动方式和内容。

（3）学习过程协作化——掌握合作技能。要使整个学习过程在基于活动的合作中进行，建立高校体育学习共同体。教师是体育活动的“观察者”“激发者”“促进者”“协调者”“辅导者”等，而学生是学习的主人，可以决定学习的内容、学习的方式、学习的环境等，师生之间是民主、平等和合作的关系。通过师生之间、同学之间建立良好的合作，促使大学生发展其运动参与性、运动技能、身体素质、心理健康和社会适应性。

（4）学习环境生态化——走向生活世界。合作活动学习要为高校体育学习共同体创设一个生态化的体育学习环境。在这个生态化的学习环境中，要能够为大学生提供足够的“学习化”的课程资源。在高校体育活动中，大学生的学习面临着两种基本的关系：与自身的内在关系和与社会的外在关系。与自身的内在关系是指大学生应对内建构独特的自我经验，与社会的外在关系是指大学生在合作活动中建构社会经验。因此，合作活动学习的生态化环境就有两种相互关联的基本形式：内生的自我环境和外在的文化环境。内生的自我环境包括神经生理基础和心理人格结构与特质，外在的文化环境包括作为“个”与“类”的人以及作为文化的物。

在打通知识世界和生活世界的过程中，使大学生实现心理健康目标，即能根据自己的能力设置体育学习目标，自觉自愿地通过体育活动改善心理状态、克服心理障碍，养成积极乐观的生活态度；运用适宜的方法调节自己的情绪；在运动中体验运动的乐趣和成功的感觉。还要实现社会适应目标，包括表现出良好的体育道德和合作精神、正确处理竞争与合作的关系。

（5）学习结果反馈化——提高活动质量。在合作活动学习中，教师担负着“观察者”的职责，在学生的合作活动中仔细观察、适时介入、整体监控，以帮助学生实现顺畅的交流与合作。教师应随时发现大学生在活动中的困难和问题，并指导他们找到相关信息，减轻或消除活动中的消极因素，展示要完成的任务范例，示范怎样实现小组目标。

（三）运用合作学习体育教学模式的注意事项

1. 教师要有足够的耐心和勇气

学生一开始不懂得如何进行自主学习、合作学习，表现出茫然、不知所措，不适应这种教学模式，是很正常的。教师要敢于“浪费”时间，以足够的耐心和勇气指导学生逐渐学会自主、合作学练体育。

2. 关注学生已有的经验，重视问题情境的创设

学生的已有经验是影响自主合作学习的重要因素之一。一般地说，上课伊始，教师应创设一些与学生已有经验相近的“问题”或“情境”，走近学生，进行一些相对简单的身体活动、思维活动，再把“问题”不断引向深入，促使学生在练习中思考。

3. 精选和改造教材内容，激发学生学习兴趣

精选和改造教材内容以激发学生学习兴趣，需要教师下大功夫去研究。

4. 学会做一个积极的观望者，适时适当地介入学生的活动

自主合作体育教学模式强调的是学生自主学习、合作学习，但“自主”不等于教师不引导、不参与。因此，教师应做一个积极的“观望者”，适时适当地介入和指导学生的活动，既不能过多地干扰学生的学习过程，又要能在学生需要指导和帮助时发挥自己的作用。

第三节　快乐体育教学模式

一、快乐体育教学模式的概述

（一）快乐体育教学模式的概念

1. 快乐体育

快乐体育作为一种理论和教育思想随着时代的变化为人们所认可，其孕育于日本。1979 年，日本提出了适应日本社会变化的体育思想——重视把运动作为生活内容来学习的体育，其口号形式就是“快乐体育”。① 而后快乐教育于 20 世纪 80 年代中期被引入我国。在这之前，我们国家的教育形式都是惯用班级授课制，以教师为主导，学生都是在完成教师所布置的任务，而当时的体育教育虽然在教学上对学生增强体质和提高运动能力都有积极作用，但由于传统教学模式的局限性，使学生缺乏学习的主动性，造成学生参与运动的自觉性大大降低。这些消极的因素影响了整个教学目标的实现，因此必须改变和摆脱传统教学模式——教师主导主体型，使学生真正喜欢学、乐于学，又清楚自己学习的目的和意义。快乐体育的应运而生，使学生在“乐”中接受体育教育，并从学中体会到“乐”的教学模式成为可能。现在，快乐体育已经成为我国体育教育发展的新方向，它既是传统的运动技术教育的管理体制和教学模式改革的转折点，也是以应试为重心的教育观念和行为转变的必由之路。

2. 快乐体育教学模式

国内学者认为，快乐体育中教学是以运动为基本手段并采用适宜的教法，在发展学生身体的前提下，使学生得到理性的快乐体验，即以快乐心

① 包昌明．再谈体育教学与快乐体育 [J]. 学校体育，1988（3）：5-6.

理体验为直接（显性）目标的体育教学。[①]日本学者认为，快乐体育教学思想的基本宗旨是把运动作为体育追求的目标而不仅仅是手段，把运动作为学生将来生活的内容来教给他们，让他们能够理解、享受掌握和创造运动，使运动文化成为自己生活内容中不可缺少的一部分，伴随终生。[②]也有学者认为，快乐体育既是一种以人本主义教育观为理论基础的体育教学指导思想，又是一个较为完整的教学方法论与教材理论的体育教学实践体系。[③]快乐体育是一种先进的教育思想，既寓素质教育于其中，又保存了传统体育教育的精华。它的特殊性使其成为体育教育的指导思想，因此让学生在体育运动中体验到参与、理解、掌握以及创新运动的乐趣，从而激发学生参加运动的自觉性和主动性。

简而言之，快乐体育就是寓教于乐，从情感教学入手，倡导以学生为主体、教师为主导，对学生进行以健全的身体教育和人格教育为目标的体育教育思想。其核心思想是：采用各种有效措施使体育教学达到教师兴教、学生乐学的良好效果，最终使学生深刻体验运动的意义和乐趣，为其形成终身体育思想埋下种子。现代化的体育教学以健康、向上为目的，要求教师在进行教学实践中逐渐转变传统教学理念与方式，让学生能够在良好的、和谐的课堂环境中主动参与学习中。由此可以看出，快乐体育教学模式是以发挥学生主观意识能动性为主，具备独特的优越性、现代性。

（二）快乐体育教学模式的理论基础

1. 生理学基础

学生在传统的体育教学中，常处于一种迟缓或被动的状态，不会或极少会引起神经系统的兴奋，只会影响运动后的食欲、睡眠、工作和学习等。而快乐体育教学后的生理学实践证明，由于人体神经系统兴奋适度，有助于升高血糖的浓度，为运动后的学习、工作及时提供能量，有助于提高工作效率。运动带动生理机能转变的，使人体的整个神经系统运转，在这样的基础上，对人体大脑产生刺激，带动兴奋，所以才提高了工作效率，从而能更好地保

① 周颖，徐亮．对快乐体育思想的理性探索与研究 [J]. 山东体育科技，2005（4）：36-37.

② 李俊峰．日本快乐体育研究 [J]. 体育文化导刊，2014（05）：145-148.

③ 徐艳华．快乐体育教学理念之研究 [J]. 科技信息，2012（14）：259.

证工作质量。

快乐体育的教学使学生在和谐的课堂氛围中学习，有助于保护心脏，提高心肺功能。实践证明，当以快乐体育为教学手段时，学生的最大负荷强度为60%左右，这种负荷强度对学生的锻炼效果最好，既有利于保护运动器官，又有利于促进青少年学生身体的正常生长发育。

2. 心理学基础

在体育教学或训练中，如果运动的性质违背了学生的心理或因为运动的单调、乏味，使学生感到厌烦，欲望受到压抑，行动变得迟缓，将不利于学生良好个性品质的发展。而快乐体育教学中的运动性质符合学生心理，使他们的情绪变得高涨，心理得到满足，行为变得轻快，使教学目标则容易实现。因此，要求体育教师讲授的内容既新颖，但又不陌生，而且要通过项目内在特征所产生的特有的乐趣，让学生一旦努力就可以掌握，使其感受到成功的乐趣。当然，我们反对“兴趣中心主义”，反对“一切从学生的兴趣出发”。在这里，有必要将快乐与乐趣加以区别，快乐是一种愉快的情感体验，而乐趣则是使人产生愉快情感体验的特性，例如，游戏活动能使人愉快，这就是快乐，而产生快乐的原因在于它的趣味性，这就是乐趣。因此，我们必须根据不同学段的学生的身心特点，对某些运动项目的教材进行必要的修改，选择容易激起学生乐趣的练习内容，采用生动活泼的教学组织形式，为学生终身体育打好基础。

3. 思想基础

新时期的新理念、新策略与新行动感召大家为培养学生能终身从事一项体育活动而努力，但是培养的方法与手段需要用富有灵活多变、多样化相结合的新体育形式来启动与发展。这就是“快乐体育”带来的理想宗旨。它的不断完善不仅代表学生将来对体育事业的喜爱，还代表新一代体育教育工作者的成就。快乐体育教学是从情感教学入手，对学生进行以健全的身教和人格教育为目标的体育教育思想，它重视爱的教育、美的教育与各项运动独具的乐趣，强调学习兴趣与创造学习。它不仅把运动和情感作为实现教学目标的手段，让学生喜欢学、乐于学，又让他们知道学习的目的和意义。因此，能激发学生的体育兴趣，满足他们的学习愿望，有利于培养自我体育能力与完美的人格，为终身体育奠定基础。快乐体育就是寓教于乐，这是教育艺术的最高境界，也是成功教育的必由之路。

（三）快乐体育教学模式在高校体育教学中的作用

1.有助于促使学生身心的健康发展

高校是培养综合复合型人才的重要场所，在高校教育中，促进学生的身心健康发展是非常重要的一个目标。教师在体育教学中合理使用快乐体育教学法，有助于促使其身心的健康发展。首先，可以给予学生更多的自由，让学生根据自己的喜好和时间来选自己喜欢的体育项目，充分发挥不同学生的个性，促使其运动的积极性和主动性的提升，达到事半功倍教学效果。其次，有利于增强学生的体质，使学生的独立性和创造性得到培养，加强锻炼，发挥自身的体育潜力，助推学生的身心健康发展。

2.有助于注重学生的主体地位

随着素质教育的深入推进，教师在高校体育教学中越来越重视学生的主体地位，将快乐体育教学模式有效引入高校体育教学中，有助于注重学生在体育课程中的感受，使学生在轻松愉快的氛围中学习体育课程，培养学生的运动爱好。另外，教师还可以根据自己学生的兴趣爱好，为学生制定针对性的教学方案，进而满足不同学生的需求，最大限度地体现学生的主体地位。

3.有助于构建和谐的师生关系

教师和学生是体育教学过程中的参与者，所以，构建和谐的师生关系，有助于高校体育教学课程的顺利开展。在高校体育课程教学中引入快乐体育教学模式有助于师生之间构建良好和谐的师生关系，首先，轻松和谐的教学模式可以帮助师生进行良好的交流，使学生感受教师的辛苦，学会尊重教师，促使二者关系的融洽发展。其次，运用快乐体育教学模式，可以发挥学生的个体特性，有助于教师细致耐心地给学生讲解相关技能。

二、快乐体育教学模式的特征

（一）整体教学目标突出发展性

“以人为本”，即人的发展是快乐体育教学追求的终极目标与核心，致力于人的发展的体育教育才是教育真正所需要的。发展就是要提升人的地位，显示人的价值，开发人的潜能，昭示人的个性。快乐体育的核心是在教师的引导下，通过有效的教学方法和手段，激发学生的学习兴趣和自觉性，充分调动学生学习的积极性，变“厌学”为“乐学”、“苦练”为“乐练”，“乐”于进取、向上，更有效地发展学生个性和培养体育能力，从而把体育的作用理解为要体现以学生为主体的教学发展观，致力于体育教学目标上的发展性教育。

快乐体育教学模式不仅推崇融知识、技能和观念态度为一体的完整的发展性教育，体现体育教学的教育性原则，而且在教学过程中注重生存与发展的终身学习能力的教育，有利于形成个性化学习模式，避开了传统体育教学模式的最大弊病——封闭，即与外部世界缺乏联系性，从“以人为本”的角度出发，将学生的发展置于社会文化教育的背景之中。

（二）“以生为本”的指导思想

“快乐体育”是我国尝试的一种新的教学模式，使学生在学与练的过程中掌握基本技术，确保“健康第一”思想的落实。

（三）因材施教

在强调教与学的关系上，传统体育教育几乎完全忽视了学生的主体地位，过分强调教师的主体地位和主导作用，认为学生只是一个被动的接受教育的客体，一切只需要教师来安排，学生本身只需要完成教师布置的教学任务即可，忽视了学生的能动性；而快乐体育教学模式则把教学的中心从教师转向学生，实行以教师为主导与以学生为主体相结合的教学，即在发挥教师主导作用的同时，特别强调学生主体地位的体现，这样才能激发和维持学生学习兴趣与动机，以充分发挥学生的学习积极性和潜能作为提高教学效果的重要手段。它强调通过体验个性化的教学，对学生进行因材施教，满足每一个学生的需要和能力，并帮助学生建立和完成切实可行的目标。

（四）教学方法多样性

在教学方法上，要从以注入式的传统型教学为主转向启发式的创造性教学为主，实现教学方法的多样化和科学化，逐步做到从情感入手，以发展个性为重点，分层次递进，讲究授之有趣，注重引导发现，培养学生发现问题、解决问题的能力。启发式教学没有固定模式，主要是在教学过程中调动学生学习的主体性，培养学生的思维方法，使学生通过再发现来学习。具体可以从实际出发灵活运用，不必限制于一些规章制度，只要学生身心能得到有效的锻炼，可根据学校现有的资源，如体育器材和场地的状况，合理安排课程，最大限度地发挥学生自主学习、自主思考的能力，这样才能更好地挖掘他们思维的潜力。

（五）教学组织严密性

体育教学是一种涉及认识、情感等方面的人际交往过程，其教学过程有一个或几个体验运动乐趣的环节，这些环节相互连接，层层递进，使学生能体验到运动、学习、挑战、交流和创造的多种乐趣，建立一种协调、互信、融洽的师生关系和同学关系。在教学组织上，我们应该将传统以强调纪律为主的组织方式转向活跃的组织方式，形成严肃而不沉闷、活跃而不杂乱的理想教学环境。因此，课堂教学应该强调多向联系，加强师生之间、同学之间的纵横向交流，强调非模式化生动活泼而又轻松的课堂氛围，明确教师的主导作用，指导学生参加课堂的组织和管理，给予学生充分的自由空间，充分发挥其主体作用，在教学目标的要求下，使学生轻松、愉快地度过体育课堂时间。

三、快乐体育教学模式在高校体育教学中的运用

（一）快乐体育教学模式在高校体育教学中的应用策略

1.体育教学改革

高校传统体育教学模式长期以来存在很多问题，相对于现代社会发展速度，我国体育教学模式的发展存在明显的滞后性，很长一段时间以来，我国的体育教育还停留在片面地以体育考试成绩来评价学生的体育素质水平，忽略了对学生心理素质和道德水平的培养和考虑。高校传统体育教育的另一个弊病就是忽略了“以人为本”这一重要的教学理念，所以，体育教育改革就是要把学生放到教学过程中的主体地位，要始终明确教育的意义不是简单教会学生掌握各种技能，而是要在教会学生基本技能的同时关注学生内在的需求，使我们的教育成为人性化的教育，而不是让教师和学生成为教育与受教育的机器。

2.增加学生学习兴趣

在传统的体育教学基础上适当增加一些具有趣味性的活动，让学生在学

习的同时享受体育运动的魅力。快乐体育教育模式倡导教师快乐地教、学生快乐地学，因此在新型的教育模式下应更加注重教育过程的趣味性，从而使学生对于体育的学习始终具有极大的兴趣，保证体育教育的有效性。只有真正让学生体会到体育所带来的乐趣，才能实现素质教育的目标。教师在教学过程中应注重教学方法的多样性和教学内容的趣味性，努力为学生营造一个轻松愉悦的学习环境。教师也可以不用拘泥于传统的教学模式，大胆探索多样的教学形式，例如，在完成基本的教学任务以后，可以组织学生参加其他有趣的体育活动，如篮球比赛、跳绳比赛、踢毽子比赛、游泳比赛、舞蹈比赛等，让学生在娱乐的过程中收获体育运动所带来的快乐。教师也可以多组织一些体育欣赏课程，如和同学们一同观看奥运会比赛项目，一边欣赏一边为学生讲解体育不同角度、不同种类的美，使学生不仅具有运动的能力，还具有欣赏体育运动的能力，从而促进学生身心全面发展。

3. 教学模式多样化

快乐体育教学模式旨在通过丰富的教学模式，让学生减少心理负担，以一个积极健康的心态参与学习活动中。在了解学生的基本情况以后，教师需要根据不同的因素对学生进行合适的分类教学，如可以根据不同身体素质对学生进行分类，针对每一类学生制定相应的合适的教学目标和教学策略；也可以根据不同爱好对学生进行分组，有相同爱好的学生在一起学习更能调动起学生学习的积极性。实现教学模式的多样化可以有效激发学生学习的主观能动性，增强学习的趣味性，从而促进素质教育的发展。

4. 促进师生和谐互动

教学从来都是一个双向的过程，学生和教师的有效沟通是有效教学的保障，在这个前提下构建和谐的师生关系变得尤为重要。在体育教学中，教师可以和学生加强友好的沟通和交流，如何在平时的训练和课堂中多鼓励和肯定学生，增强学生的信心。

（二）快乐体育教学模式在高校不同体育运动教学中的具体运用

以下分别以高校武术、田径、篮球、足球为例阐述快乐体育教学模式在高校体育教学中的运用。

1. 快乐体育教学模式在高校武术教学中的应用

教师在高校武术教学中通过运用快乐教学模式，可以大致了解学生的情况，进一步明确学生之间个体差异性，更好地开展针对性教学，在轻松愉快的氛围中渗透教学难点与重点，促使体育教学的提升。教师可以通过一些简单的小游戏，调动学生体育运动的积极性，引导学生积极投入体育运动中。

例如，在初级剑术基本技术动作教学中，由于这部分学习对学生动作标准性有着非常高的要求，基于此，教师在基础知识教学中，可以使用“照镜子”的游戏方式,引导学生学生两两面对面站好,之后教师在对学生示范动作,完成这一步骤后，引导学生模仿基础动作，并要告知学生动作的关键和要领，同时让学生认真观察对面同学动作要领是否存在错误。倘若对方存在错误，要及时纠正对方，帮助对方认识到自己的不足，这种方式较教师直接指出学生错误，学生更加容易接受。在学习完基本动作后，教师需引导学生将动作连贯起来，同时让他们以学生小组为单位进行练习。

2. 快乐体育教学模式在高校田径教学中的应用

田径教学内容较为枯燥，因此教师在教学中应该通过组织丰富多彩的游戏，激发学生训练的积极性。传统田径教学中单一枯燥机械的训练，在很大程度上打压了学生训练的积极性，同时还制约了学生训练的效果。受多种因素的影响，当前很大一部分高校体育课程安排的还少，甚至还有很大一部分高校体育器材还有待进一步完善，教师要想激发学生对田径训练的兴趣，就要根据学生特征，设置快乐游戏教学课程。在选择游戏教学内容时，一方面要考虑游戏的丰富性；另一方面还要考虑田径教学的内容，有针对性地制定游戏教学模式，最大限度地发挥游戏教学法在体育教学中的作用，激发学生的学习兴趣，促使学生田径技能训练水平的提升。另外，教师还要注意游戏教学安排的合理性。在具体的安排过程中，一定要注意游戏的顺序、时间。通常情况下，教师需要在实际训练前安排游戏环节，在激发学生兴趣的同时，还可以利用游戏达到学生热身的学习效果，促使其更好地进入训练准备阶段，进一步规避在训练过程中因为没有热身或是剧烈运动出现的损伤现象。为让学生缓解疲劳，放松身心，在学生完成课程或是结束训练后，教师可以安排适量的游戏。此外，教师还需注意游戏的适度性，如果游戏强度太大会影响学生的情绪，导致训练效果大打折扣。

3. 快乐体育法在高校篮球教学中的运用

“好之者不如乐之者。”兴趣是参与的动机，作为一个多边、双向的复杂活动，传统高校体育教学主要是以教师讲解为主，学生训练为辅，久而久之，学生就会出现学习动力不足，或出现厌烦的心理情绪，导致课堂教学效率下降。为此，在高校体育教学中，教师可以通过竞赛、音乐等方式，为课堂教学注入新鲜的活力，最大限度地激发学生的学习兴趣。比如，在篮球投篮教学中，在进行准备活动前，教师可以通过体育舞蹈套路动作的方式，引导学生进行热身。之后，教师亲自示范一个标准、轻松的投篮动作，从而激发学生的兴趣。由于部分女生篮球技能较差，导致她们对这项运动望而生畏，基于此，教师可以采用当前较为流行的“三对三”模式，进行参照训练。通过这样的方式，一方面激发了学生的运动兴趣，另一方面又可以让学生在游戏中看到自己的进步，形成团结、友爱的课堂气氛，增强体育学习的兴趣，更好地投入体育课堂教学中。

4. 快乐体育教学模式在高校足球教学中的运用

（1）合理分组，相互互补。在学习足球的过程中，首先需对学生进行合理分组，使学生在这个过程中不断地互相学习与交流。科学有效的分组是成功教学的第一步。面对不同层次的学生，科学分组不仅能够弥补学生的不足，还能够突出学生的长处。同组的学生不断地磨炼，使学生对于足球知识与技术有所掌握，有利于学生今后的发展。比如，在安排分组的过程中，安排对足球有所掌握的学生为组长，每组都有对足球不够了解的学生，在组长与其他组员的带动下，通过掌握的技巧与同组成员之间的配合，使这些学生也对足球有所了解，在接下来的训练中，学生开始不断地进行磨合，相互间产生默契，这就是“快乐体育”的教学观念。面对不同的学生有不同的方式教学，一般通过小组模式进行指导。通过科学的分组，可以使学生进行不断的锻炼与配合，对足球产生兴趣，为将来学生的发展提供帮助。

（2）树立榜样，建立思想。在足球教学过程中，教师不仅要提高学生的身体素质，还要指导学生的思想教育。体育精神不仅体现在平时的教学与训练中，还要不断地加强学生的思想教育。“快乐体育”的教学理念体现在学生从本质上对足球有所了解，这样才会更好地发挥技术。比如，学校可以根据自身能力举办几场学校之间的足球比赛，在比赛中教会学生技术与配合要领。当然，进行比赛不是最重要的，关键是让学生在比赛的过程中不断加深对足球的了解，不仅可以在切磋的过程中进行学习，还能在配合中懂得如何进行人际交往。教师要不断地对学生进行思想教育，不仅调整学生的学习心态，还要保障学生的身心健康，完善学生的思想。

（3）激发学生的创造性。在学习的过程中，主要目的不仅是希望能使学生学到理论课程，还要不断地激发学生的创造性，让学生在学习的过程中不断地开发新的方式；不断地学习技术，激发学生的创造性，使学生在学习的基础上开动大脑，采用更加适合的方式对知识进行巩固。对于现在的学生来说，思维的创造与发散都是学习的必要发展之一，应该不断地运用大脑使学习达到最佳学习目的；在新的教学理念下不断地开展新的思维与创造力，为学生将来的发展打下基础。

第四节　俱乐部式体育教学模式

一、俱乐部式体育教学模式的概述

（一）概念界定

“俱乐部”一词源于欧美，亦称“总会”，为社会团体及公共娱乐场所的总称。在我国，一般将各种文化娱乐、体育活动等场所也称为俱乐部。

根据美国经济学家 J.M. 布坎南在 1965 年《俱乐部的经济理论》中提出的俱乐部理论和由王同亿主编翻译的《英汉辞海》上册对俱乐部所作的定义，可将俱乐部主要特点概括为：俱乐部有一定的地理区域范围，该区域范围内存在着有一定关系的人群，俱乐部具有相对的独立性，成员拥有相对一致的利益，某些需求可在俱乐部中得到满足。[①]

由于体育俱乐部的多样性和复杂性，明晰体育俱乐部的概念显得更加重要。体育俱乐部大体上可分为业余、职业和商业三大类。体育俱乐部是一种社会组织，是“人的集合”；是从事体育活动的社会组织，是自发的社会体育组织，是一种由社会兴办的开展体育活动的基层组织。体育管理部门把体育俱乐部界定为：体育俱乐部是指由企事业单位、社会团体和公民个人利用非政府财政拨款举办的，以开展体育活动为主要内容的基层体育组织。

① 王同亿．英汉辞海（上册）[M]. 北京：国防工业出版社，1990（3）：432.

学校作为一个非营利的实体，应归到业余体育俱乐部这一类别中。体育课程既要突出课堂教学，又要服务于课外活动。学校体育的主要形式是体育教学，以体育俱乐部形式进行教学，应该遵循教学的规律，即在教师指导下，自由选择项目、教师、上课时间。具有共同体育锻炼爱好的大学生基于生理、心理、社会和自我完善等需要，以素质教育、健康教育为目标，以学校体育场馆为依托，围绕着某一运动项目，从大课程观出发，把体育教学、课外体育活动、群体竞赛、运动训练四者有机地融为一体并纳入课程之中，成为一种综合的体育教学形式，将其界定为“俱乐部式体育教学”。

（二）高校俱乐部式体育教学模式的特点

1. 明确的培养目标和指导思想

高校俱乐部式体育教学模式以终身教育为目标，要求每一个学生要学会进行自我锻炼、自我诊断、自我评价。高校俱乐部式体育教学模式结合高校体育教学实用性、多样性、社会性、娱乐性的特点，以终身体育为指导，把增强学生体育锻炼意识，掌握体育锻炼技能、方法，养成锻炼习惯，提高身心健康水平及社会适应能力作为教学的出发点和归宿。立足“课内增知，课外强身”的指导思想，体现“以人为本”的教育思想，围绕运动参与目标、运动技能目标、身心健康目标、心理健康目标和社会适应目标开展体育活动。

2. 新颖的教学组织形式

高校俱乐部式体育教学模式打破了年级、专业限制，按学生需求和水平分层教学，教师按项目分 A、B、C 三个级别进行教学，这样既发挥了教师的专项特长，又有利于学生情感的最佳体验，符合因材施教的原则，是最适宜学生的教学组织形式。

3. 体育教师的专业特长得到了充分发挥

在传统的体育课中，教师要根据教学大纲中的内容，上不同类型、不同项目的体育课，在实际教学中有些教师感觉到难以胜任，既保证不了教学质量，也影响了教师在教学中的主导地位的发挥。通过俱乐部进行教学，教师能充分发挥自身专项特长，在学生中建立了良好的形象，发挥了在教学中的主导地位，提高了教学质量。

调查发现，课外单项体育俱乐部或一些体育协会的指导教师都是各个专项中最具说服力的教师，如曾获得过全国赛的冠军，这些教师在学生的心目中具有较高的威信，教师的人格魅力也在吸引着学生参加俱乐部的活动。[①] 另外，教师之间也充满竞争。从选课、择师到择教的机制看，学生的选课、择师完全是动态的，学生对教师的择教也是随机的，学生对教师的满意度是教师考核的主要依据，这样教师不仅要成为某一项目的专家和权威，还要掌握几种体育运动技能。

4. 学生参与教学与组织管理

高校俱乐部式体育教学模式把学生的兴趣爱好放在第一位，在强调教师主导地位的同时，更加注重学生主体地位的发挥。把组织、管理、活动等权力交到学生手中，提高了学生学习的积极性、增加了学生学习的主动性。让学生参与体育教学管理，不仅培养了部分体育骨干，更重要的是让学生掌握了体育锻炼的方法，养成了体育锻炼的习惯培养了体育运动能力。学生通过在课堂上所掌握的体育锻炼的手段、方法去进行课外体育锻炼，在体育教学中实现了有形效果和无形效果的统一、教育的短期效应和长期效应的统一。

5. 课内外一体化，拓展体育时空

高校俱乐部式体育教学模式以传授理论知识、培养兴趣、增强体育意识、掌握运动技能为主，是实现体育课程目标的有效方式。对学生而言，课内学习运动和技能，课外通过课内所学知识去指导课外实践，并在教师和其他同学的帮助下，通过参与俱乐部组织的各种锻炼以及形式多样的校内外群体竞赛活动，获得体育运动的乐趣，提高运动技能，养成锻炼习惯，实现课内外一体化，拓展体育时空，从而形成以“热爱体育、参与体育、享受体育”为主旋律的校园体育文化。

二、高校俱乐部式体育教学模式的影响因素

（一）外界环境因素

目前，越来越多的高校学生开始依赖网络来获取信息和开展学习活动。比如，在体育活动中，学生会下载手机应用程序来记录自己运动的时长，输入运动的类型之后系统会自动计算出本次运动所消耗的热量，这使运动的“效益”变得可视化，可以更好地激发学生体育运动的开展兴趣。在这个基础上，

① 关超．高校体育课程俱乐部式教学探究 [J]. 当代体育科技，2017，7（29）：77.

他们还可以将自己运动的信息分享到微信朋友圈、微博等社交平台上，实现与同伴的交流。与此同时，这些多样化的应用程序和网络上铺天盖地的信息也可能会对学生的思想意识造成负面的影响，比如，有的学生因沉迷于网络游戏中而不愿出门参加体育锻炼，他们乐于在网络平台上讨论同伴的运动信息，也曾经决心要开启体育锻炼之路，但是却很少会付诸实践。在俱乐部式体育教学模式当中，学生有较高的自主权利，他们可以自主选择上课的时间和项目。但这种权利很容易为学生的逃课提供便利，很多学生受到网络的诱惑，将体育锻炼的时间用在网络游戏、网络聊天等事情上。

（二）体育场地因素

体育场地是俱乐部式体育教学模式的基础和保障。随着高校对体育教育的重视，体育馆也开始投入了建设。这些体育场地的数量和面积往往是按照传统体育教学模式的要求建造的，因此与体育俱乐部的教学需求存在一定的差距。在这种新型教学模式下，学生可以自主选择体育场地，通常会优先选择那些地理位置好、设施齐全的体育场地，这会导致部分体育场地使用紧张。与此同时，在俱乐部式体育教学模式实施的过程中，模仿了社会上运动俱乐部的形式，实行小班教学，即学生的人数都在 20 人以下。这对高校体育场地的数量提出了新的要求。除此之外，体育场地的使用很容易受到天气的影响，在刮风、下雨、下雪等恶劣天气当中，很多室外场地无法使用，这时候室内的体育场地就会出现使用紧张的情况。还有很多学生在夏日和冬季的天气为了避免暴晒和受冻，也会优先选择室内体育场地，这也是导致体育场地供应不足的重要原因。

（三）校园网络因素

校园网络在俱乐部式体育教学当中发挥了重要的作用，对教学效果也有着不可忽视的影响。首先，很多学生参与体育俱乐部的主要原因是受到网络环境的影响，他们会通过校园网络的形式来了解俱乐部的基本信息。比如，通过学校的官网或者俱乐部的网络信息推送来了解近期开设的体育课程，查询所选课程的上课时间、任课教师及上课地点等信息。在很多学校中，学生体育课的选课也是通过专门的校园网络系统来实现的。因此，校园网络的畅通性、网络中信息的准确性对教学效果都具有重要影响。其次，在学期末，学生需要通过校园网来完成对教师的评价，并根据自己的课程体验对教师的教学方法、俱乐部的举办模式等提出自己的意见。这样可以为教师的教学改革提供依据，使体育俱乐部得到不断完善。

三、进一步推广高校体育俱乐部教学模式的对策

（一）明确建设目标，构建多元化发展形态

对于高校体育教学来说，要想使体育俱乐部教学模式获得进一步发展，首先就要明确建设目标，要充分依托多样化的、不同形式的体育教学俱乐部类型以及体育组织。多样化的体育俱乐部类型能够从不同方面促进俱乐部教学的发展，这不仅能够充分满足教学模式的构建要求，还能够进一步突显学生的主体地位，在此基础上进一步加强俱乐部类型多样化特征，充分满足学生的兴趣爱好等需求。因此，高校在建设体育俱乐部教学模式的过程中要明确以下三个方面的目标：首先，要充分尊重学生的主体地位，并贯彻落实培养学生终身体育意识的目标。其次，要使学生的体育知识水平得到提高，并对他们良好的体育习惯进行培养。最后，要以体育道德为出发点和落脚点，促进学生的全面发展。

（二）增加体育场地的建设，实现对场馆的合理规划

高等院校是培养人才的地方，不仅要在学术研究方面加大投入力度，还要重视和加强学生的体育锻炼和促进体育教学模式的改变。为了使高校的体育场地更好地满足“体育俱乐部”教学的需要，学校需要增加对场地建设的资金投入，为学生建设更多的体育场馆。当地的政府要增加对该部分资金的投入，学校的领导也要高度重视“体育俱乐部”的教学，能够根据学生的实际需求对体育场地进行完善，并结合学生资金的使用情况，加强资金的规划，有计划地将体育场馆的建设工作提上日程。与此同时，学校还需要根据当地的气候特点、俱乐部的项目开设情况来实现对各个场馆的合理规划，提高现有场地的利用率。为了实现这一目标，学校领导可以开展调查，了解学生对体育场馆的使用频率和喜好，清楚学生对不同体育项目的爱好情况，从而有针对性地进行场馆建设。在条件成熟时可以逐步在高校体育发展中开展市场化运作，鼓励体育俱乐部自主经营、实现资金来源渠道的多元化。不仅要教授传统的体育项目如篮球、羽毛球、乒乓球、长跑等，还要推广新型的体育项目如瑜伽、射击、攀岩、网球等，这样才能从根本上打破传统的体育教学

模式，提高学生参与体育锻炼的积极性，使学生在新型的体育活动中提升自我，进一步深化高校体育俱乐部的教育教学。同时，还要根据学生场馆选择的影响因素来实现对各个体育场馆的合理安排。

（三）优化校园网络，实现对网络平台和内容的完善

校园网络可以展示学校的形象，宣传学校的教学理念。对于学校来说，校园网络是提供教学服务和教学内容的途径；对于教师来说，校园网络是教学工作顺利开展的辅助；对于学生来说，校园网络则是获取学校信息、实现网络学习的通道。因此，在“体育俱乐部”教学中，学校要对校园网络进行优化，不断开发和使用更优质的教学软件，使学生实现高效率的选课。同时，还要在网站和相关平台上实现对信息的及时更新，使学生能够查询到最新的内容，为他们选课和参与俱乐部活动提供便利。除此之外，在校园网站或者俱乐部平台中，可以增加“体育俱乐部”的专题专栏，介绍俱乐部所开设的各项体育活动，并添加相应的教学视频，使学生在课余时间也可以进行体育活动。在课程开始之前，俱乐部老师也可以在这一专栏当中上传课程的信息，让学生提前准备好课程所需的工具，在课后也可以进行巩固练习。

（四）拓展经费来源途径，加强教师队伍建设

现阶段，单一的经费来源途径已经无法充分满足高校体育俱乐部的发展需求，在这种情况下要想促进体育俱乐部教学模式的进一步发展，高校就必须重视拓展经费来源途径。除依靠学校的拨款之外，还要积极探索新的经费来源途径。例如，高校可以与附近的社区进行合作，向社会进一步开放高校俱乐部的体育设施。另外，还要通过市场化运作手段，更好地进行创收，从而使体育俱乐部教学模式的发展需求得到充分满足。除此之外，高校还要重视建设相应的教师队伍，而教师也要注重转变自身的教学观念，创新教学模式，从而使自身的教学水平不断提高，进而使体育俱乐部教学发展的现实需求得到最大限度的满足，最终使教学模式的发展进程得到有效推动。

（五）加强对校园环境的优化，提高学生的自制力

在“体育俱乐部”教学模式实施的过程中，为学生提供良好的教学环境是十分有必要的。因此，教师需要不断优化校园环境尤其是网络环境，使学生能够合理运用网络平台，自觉抵制网络中的负面消息，接受正面消息。与

此同时，学校和教师也要积极开展对学生的思想教育，使他们在行使自主选择权的同时能够具备基本的纪律意识，能够遵守学校的相关规定参与体育教学。在课下利用网络开展体育教学活动的时候，也要选择高效的应用程序，找到适合自己的方式并坚持下去。最后，学校也要积极为学生提供课外体育活动的场所，在节假日、早晚间免费开放部分体育场地，以此来增加学生体育活动的时间，引导他们合理安排上网时间。

（六）完善俱乐部内部运作体系

学校应选拔业务能力强的骨干教师担任俱乐部主任，实行俱乐部主任负责制。新体制的运行始终以提高教学质量为核心，实行分类逐级负责制管理方式，建立更加科学、合理的管理模式。现在国内俱乐部的内部运作体系还不完善，要想建立完善的运作体系，还需要专业的管理人才对学校的资源进行合理的配置，有效合理地划分学生体育课的时间，对学校的体育器械进行维护和管理，进一步提高场地设施的利用率，实现校内资源的最大化利用。对学生进行分流，引导学生选择正确的、适合自己的体育项目进行锻炼，避免盲目从众。学期末，还要对各个体育项目的学生进行反馈调查，进一步总结俱乐部教育教学中出现的问题，并及时改正，提高体育俱乐部的教育教学水平，为学生提供良好的体育设施，提高学生参加体育锻炼的积极性，从而达到增强学生身体素质的最终目的。

（七）建立科学合理的考核评价体系

传统的体育教学模式考核大多采用定量的方式，忽略了学生个人体质的差异。素质教育的目的是不能单单以分数来考核学生，还应该对学生的各方面表现，如运动积极性、领悟能力、提升的速度等方面进行综合考量。所以要建立科学合理的考核评价体系，既能让学生体会到体育带来的激情与快乐，同时在一定程度上监督学生能够进行持久的锻炼；也要建立完善的教师考核体系，以教师的高素质和专业度加深学生对该体育项目的热情和学习程度。

第五节　新媒体体育教学模式

一、新媒体解读

（一）新媒体的产生和发展

1.新媒体的产生

新媒体是相对于传统媒体而言的。从 20 世纪初到 20 世纪中后期，传统媒体一直处于发展的鼎盛时期，主要是以广播、报纸、电视为主。而计算机的发明和应用加速了网络技术的推广和普及，伴随着计算机和网络技术的推广，新媒体技术也得到迅速的发展，逐渐渗透到人们的日常工作、学习和生活当中。1946 年 2 月 14 日，世界第一代电子计算机 ENIAC 诞生于美国宾夕法尼亚大学。当时处于第二次世界大战期间，计算机的发明给美国带来了新的希望，很多必须依靠计算机的新媒体技术伴随着计算机的普及和发展得到了极大的推广，而随后网络技术也不断地发展，更加推动了新媒体的推广和普及。“1983 年，一种新的网络协议——TCP/IP（Transmission Control Protocol/ Internet Protocol，传输控制协议 / 网际协议）成了互联网上的标准通信协议，这是全球互联网正式诞生的标志”。①

数字技术也称为数字控制技术，是一项与计算机相伴而生的科学技术，它是把文字、图形、声音、视频等多种信息转化成计算机能识别的计算机语言的技术。新媒体的出现和兴起虽然离不开计算机的发明和网络技术的应用，但是只有网络技术支撑是远远不够的。数字技术的出现和发展才使新媒体有了最基本的技术基础。

2.新媒体的概念

“新媒体”是与“旧媒体”相对的媒体。旧媒体的存在形式是静态的，

① 陈刚．新媒体与广告 [M]．北京：中国轻工业出版社，2002：3.

如书籍、报纸等，受到了一定的时间和空间限制。新媒体在旧媒体的基础上增加了新的技术，以动态的形式存在，用最直观的方式把信息传播给大众。

最早提出“新媒体”概念的是美国哥伦比亚广播电视网技术研究所所长 P. 高尔德马克（P.Goldmark）。1967 年，P. 高尔德马克在发表的一份关于开发电子录像的商品计划书中将“电子录像”称为“新媒体”，“新媒体”的概念由此而生。

从媒介发展历史的角度来看，每一次的媒介技术变革中都会有“新媒体”出现。在当今社会，每时每刻都有新的科学技术诞生，这些新技术恰恰是新媒体的依托，它们的诞生会衍生出更多的新媒体。新媒体是一个宽泛的概念，从技术层面讲，它包括移动通信技术、互联网技术、数字通信技术，而从终端的层面讲，它依托于电脑、数字电视、手机、平板电脑等终端。

3. 新媒体的发展趋势

新媒体日益成为大众化的主流媒体，新旧媒体相互融合、优势互补。传统媒体的单向传播向新媒体的资源共享发展。所有人可以去浏览新媒体信息，继而通过转发、评论、点赞等方式可以分享给更多的用户，新媒体的出现为人们提供了一个共享空间。另外，新媒体的表现形式呈多样化的发展趋势。传统媒体是以图片、文字的形式传播信息，新媒体更多的是以视频为主。随着网络科技的日新月异，网络用户的要求也就越来越高，文字、图片已经不能满足他们的需求，他们需要用更加简单直观的方式去了解世界，于是视频的出现得到了大众的认可，并飞速发展。这些视频极大地冲击了人们的感官，迅速取代了图片和文字，成为信息的新型传播方式。“从广义的网络层面来说，新媒体也可以称之为网络媒体，其发展态势可以概括为社会网络化和网络社会化两个方面。”[①] 互联网这类新型高科技技术的发展促使网络终端的成本和价格不断下降，用户使用网络的门槛持续走低，越来越多的用户能够使用网络，整个社会也被各类网络连接起来。而伴随着互联网技术的发展，网络也越来越能满足人们的社会需求，它既能和大众的生活紧密结合，也能被用到银行、企业等专业领域。网络社会化和社会网络化的发展使新媒体不仅在社会传媒领域发挥重大的作用，还在人们的生活、学习中扮演越来越重要的角色，它的发展改变着人们的生活方式，深刻地影响着整个社会、公民的行为方式。

---

① 尹韵公．中国新媒体发展报告 [M]. 北京：社会科学文献出版社，2010：3.

（二）当前新媒体的主要类型

1. 网络媒体

网络媒体和传统的电视、报纸、广播等媒体一样，都是传播信息的渠道，是交流、传播信息的工具。网络媒体始于 1969 年，然后获得迅速发展。网络媒体具有全球性、全天候等特点，也以其传输速度快、操作方式简便、低成本和高效率的特点被人们接受和喜爱。

2. 手机媒体

手机已经成为当今社会不可缺少的工具。手机媒体又是继报纸、广播、电视、网络之后的“第五媒体”，它的广泛应用毋庸置疑。如今，手机已不单是人与人沟通的通信设备，而是在一定的技术支持下，发挥着集报纸、电视等于一身的作用。手机的普及性、信息传达的有效性、丰富的表现手法使其具备了成为大众传媒的理想条件，手机用户也与日俱增。2020 年 9 月 29 日，中国互联网络信息中心（CNNIC）在京发布了第 46 次《中国互联网络发展状况统计报告》（以下简称《报告》）。《报告》显示，截至 2020 年 6 月，我国网民规模达 9.40 亿，手机网民规模达 9.32 亿，手机旅行预订、手机网购、手机支付、手机银行等手机商务用户也在不断增长。

在移动互联网的推动下，个人互联网应用呈上升态势。即时通信成为第一大应用；平板电脑凭借娱乐性和便捷性成为网民的重要娱乐设备。

3. 数字电视媒体

在世界范围内，电视传媒的发展已历经百年历史；在中国，电视媒体是大众传媒的主力军。随着新媒体在电视领域的发展，电视节目制作播出的数字化已成为主要趋势。数字电视指在电视上进行节目信号的摄取、记录、处理、传播、接收和显示过程中都采用数字技术的电视系统，包括了节目采集、节目制作、节目传播到用户端接受的全过程。有了数字电视媒体，观众摆脱了传统电视节目的局限性与固定性，可以灵活地运用遥控机、高清数字电视盒子来选取自己想看的节目，在接收高质量电视信号的同时享受着自由点播的快乐。数字电视媒体日益强大，应用愈加广泛，为新媒体未来的发展铺了一条光明之路。

二、新媒体体育教学模式的特征分析

（一）新媒体的基本特征

1.互动性和包容性

传统的媒体沟通方式有手机信息、邮件等，但是这样的沟通方式只能是一方向另一方的单方面传播。传统的媒体能在一个相对固定的区域里或者时间内发送它想让受众了解的信息，但是接收信息的人只能是选择别人给的信息，也只能在这些固定的信息中选择自己喜爱的，无法真正选取信息，而且他们更没有办法通过技术平台和信息的发布者或者其他接收信息的受众进行互动，这都是传统媒体的局限性。新媒体就不一样了，它能使信息发布者和信息接收者进行双向信息传播，形成互动。信息的传播避免不了社会舆论的产生，新媒体这种交互性能进行相应恰当的处理。比如，一些广播电台、电视节目中心都可以与听众或观众通过微信等方式来实现互动，让信息的接收者体验到参与的快乐，这样不仅使他们获取了有价值的信息，还可以通过这些平台调动受众的主动性与积极性。

新媒体的包容性体现在其广泛的受众。在新媒体领域内，每个人都可以拥有一片属于自己的空间，可以在这个空间中抒发自己的情感、展示自己的作品、提出自己的意见，以及发表评论。而新媒体平台的广泛应用也让这些受众的观点言论被其他人所知。信息提供者大大增加，网上的信息量大大提升。而这些新媒体平台当中的言论，通过新媒体技术被迅速地传递到世界的每个角落，让更多的人去明白和了解，使人们的文化生活水平得到提升。

2.及时性

信息从发布到反馈需要一个周期，传统媒体的周期很长，如最具代表性的报纸，从报纸信息的发布到读者购买阅读再到读者通过书信方式给报社反馈，这个过程复杂而漫长。而互联网、移动通信设备等新媒体的广泛使用，从传播信息到接收信息再到反馈信息，几乎可以同时完成。只要有网络覆盖，通过各种离开电脑终端的移动设备就能不受时间、地域的限制发布各种信息。

3.便捷性

传统媒体的报道是呈线性的，只能使受众了解到固定地域的信息。而新媒体的报道是呈网状的，不受地域限制，只要有网络覆盖，用一台电脑或是一部智能手机就可以浏览到全世界的信息内容。手机硬件设备逐渐强化，信息存储量也大大增加，最大限度地实现了各种传播形式的兼容，就好像把世界装进口袋一般。

4. 非大众化

虽然新媒体的受众是广泛的，但是这并不代表新媒体中的信息是没有特点的，与传统媒体的传播类型不同，新媒体传播具有一定的个人化和独特性的特点。新媒体用户根据不同的需要来选择安装不同的软件设备，享受个性化服务。在新媒体时代，受众可以根据自己的需要，按照自己喜欢的顺序和内容选择性地收看节目。

美国计算机科学家尼古拉斯·尼葛洛庞帝宣称“后信息时代”已经到来。在信息时代，大众传媒的覆盖面一方面变得越来越大，另一方面又变得越来越小；在后信息时代，大众传播的受众往往只是单独一人，所有商品都可以订购，信息变得极端个人化，人们普遍认为，个人化是传播的延伸，其受众从大众到较小和更小的群体，最后终于只针对个人。

5. 直观性

各种类型的信息以文字、图片、声音、视频等形式展现给大众，这些也是大众接收信息最直观的体现。例如，我们通过笔记本电脑给用户发送了一封邮件，用户接收到以后可以像拿着纸质的书信一样进行阅读，当然我们也可以录制一段自己的音频，通过微信或者其他新媒体工具发送给特定的人或者群，他们马上就可以听到终端另一头的我们想要传达的口头讯息；再如，我们可以通过网络平台召开网络视频会议，只需要坐在电脑摄像头前，我们便可以相互地看到对方的表情，听到彼此的声音。目前笔记本电脑和其他的一些移动终端已经成为新媒体发展和推广的重要的终端，自从笔记本和一些移动终端的网络得到极大的发展以后，人们通过这些设备进行通信、交流、办公、娱乐，这些终端和网络以及新媒体技术平台目前已经成为人们最常用且是最具直观性的工具。

（二）新媒体体育教学模式的价值特征分析

1. 新媒体可以提高学生的学习热情

在学校的体育教学中，如何让学生乐于上体育课，如何让学生在体育课上动起来，变被动锻炼为主动练习，一直是让体育教师十分头痛的事情。《义务教育体育与健康课程标准（2011年版）》中明确将课程内容划分为运动参与、运动技能、身体健康、心理健康和社会适应四个学习领域，其中运动参与领域是指让学生具有积极参与体育活动的态度和行为。但在现阶段我国学校体育教学中，学生的体育学习积极性太低，这是所有的体育教育工作者最不希望看到的。

而本书中所提及的新媒体这一新兴的传播方式本身存在着极大的新颖性。根据以往经验，每当学校的教学模式进行更新后，学生对学习的态度和热情都会有一定程度的提升。在校的大学生，大多年龄在17周岁至25周岁之间，这一年龄段的学生本身就具有极强的求知欲和好奇心，对于新鲜事物总是满怀着诸多的热情。将新媒体这一工具作为教学媒体并运用于当前学校的体育教育教学中，可以提高学生对于体育学习的积极性，提高学生的学习热情。例如，在2000年前后，随着计算机的普及和发展，以计算机为主的多媒体设备进入课堂，学生的注意力首次从单调枯燥的黑板转向色彩斑斓的计算机投影仪，例如，以数学教学为例，函数图像的变化从教师逐个手绘到计算机自动形成，并展现出随各因数的变化而变化的函数图像，给予学生最直观的视觉表象，让学生可以在短时间内迅速了解函数变化的内在原因。再如，将多媒体运用于学校体育课上，跳高动作由原来教师的示范转变为计算机展示的慢动作，让学生可以更清楚直观地形成关于背越式跳高动作的表象。对于新兴事物的热情，可使学生的学习热情大幅提高。

2. 新媒体可以激发学生自主学习的积极性

“教，是为了不教。”学校的教育教学工作的重点并不是教会学生知识，而是要教给学生学习的方法，要让学生在离开学校之后能够根据实际需要，随时学习知识、随时补充知识。

在这个知识爆炸的时代，没有任何一个学校可以在有限的时间里教给学生足够他们使用的知识。学校所能够教会学生的，只有学习知识的方法。进入21世纪后，知识更新周期已经越来越短，如何让学生掌握自主学习的方法，是学校迫切需要解决的问题。

新媒体以计算机为传播的中心环节，以互联网为基本载体，其背后是庞大的互联网。自1969年互联网建立以来至今，几乎所有的知识都可以在互联网上查到。回想几十年前，当我们需要查找一个知识点时，我们或许需要去图书馆查询。而现如今，随着新媒体的出现，我们甚至不需要再打开电脑，只需要一部手机，就可以在公交车上查询一个知识。其方便、快捷的特性已不言而喻。相比较之前需要去图书馆中翻查书籍，学生更倾向于这种便捷、实用的学习方式，这在无形之中提高了学生自主学习的积极性。在科学技术相对发达的美国，教师上课提出问题后，学生可以自由地通过手机上网查询知识的答案，并分享各自的答案，然后进行讨论，这是我国现阶段学校教学发展过程中所需要借鉴的。不要只从教师那里获得知识，更应当自主查找，自主学习。而只有当学生自己乐于去学，变“要我学”为“我要学”，并且掌握了自主学习的方法时，教师的任务才算是完成了。

3. 新媒体可以延伸体育课教学时间

新媒体的重要特征之一就是具有及时性、不限地域性的特点。这一点在体育课教学时间不足时便能起到很好的辅助作用。中学生要求每周至少三节体育课，按每节课 45 分钟的时间计算，除去准备活动以及最后的整理活动，学生系统学习体育知识的时间并不多，而关于个别学生的指导更是几乎是没有时间进行。

在非体育课时间，体育教师可以在班级群中上传一些关于体育运动的知识，如“科学健身”等。调查显示，大多数女学生十分厌恶体育课，更加厌恶类似于长跑的练习。在体育课教学过程中，如果学生进行 1000 米跑等项目的练习，跑完后通常会大汗淋淋，十分不利于接下来其余学科的教学。而长时间的有氧锻炼又是健身的重要方法。所以，教师可以根据学生现阶段的需要，在新媒体的通信软件上发布类似于长跑有利于健身的课程，让学生在课下学习如何控制自己的心率，以何种负荷进行长跑更科学，让学生在课余时间跑完步后可以直接回宿舍等，这种教学方式在长跑方面要优于在课堂上进行教学。另外，类似于奥林匹克的相关知识，教师也可以通过 App 软件上传，让学生根据自己的喜好，进行有针对性、选择性的阅读，这些都可以让学生在课余进行阅读、学习，能够很好地延伸体育课的教学时间。

4. 新媒体可以作为微课程的重要载体

“微课程”一词最早见于美国北爱荷华大学的 Leroy A. MeGrew 教授提到的 60s 课程，以及英国纳皮尔大学的 T. P. Kee 教授提到的一分钟演讲这两项内容。学生学习一门学科应当首先掌握一门学科的核心概念，这点与布鲁纳的结构主义课程理论极为相似，都是学习学科的基本结构。其次让学生在课堂上进行为期一分钟的演讲，在这一分钟的演讲过程中，要求学生必须做到精练，且具备良好的逻辑结构。而现如今的较为成熟的微课程概念是由美国新墨西哥州圣胡安学院的高级教学设计师、学院在线服务经理戴维·彭罗斯于2008年首次提出的。彭罗斯认为，微型的知识脉冲只要在相应的作业与讨论的支持下，能够与传统的长时间授课取得相同的效果。彭罗斯将其分为5个步骤：①分析出课堂教学中需要向学生传递的核心概念，这些核心概念将构成整个微课程的核心部分；②准备一份为时15～30s的介绍和总结，为核心概念提供背景材料；③用多媒体设备录制以上内容，并将最终的节目长度控制在1～3min；④布置课后任务，帮助学生巩固微课程的内容；⑤将整个微课程上传到网络课程系统之中，等待学生使用。①

这一切都必须采取计算机及宽带网络才能实行，而在新媒体时代，微课程只需要一部智能手机或平板便可以实现。体育教师可根据学生的需要，整理一个教学科目，如“正确的平板支撑练习”。体育教师可以按彭罗斯的步骤首先简短明了地介绍平板支撑的作用、特征，再开始进行示范教学，并指出身体各部位的正确姿势及易犯错误，录制完成后上传到网络上。上传后，由学生依据自己的爱好进行选择性学习，学完后可以将自己的动作录制下来反馈给教师，教师进行接下来的单独指导。学生也可以将自己的感受以照片或文字的形式上传到自己的微信朋友圈中，既可以“秀”一下自己的锻炼成果，在很大程度上也可以带动他人共同练习。

5. 新媒体可以促进学校、家庭及社会之间的联系

广义的教育是指增进人的知识与技能、发展人的智力与体力、影响人的思想观念的活动。广义的教育可能是无组织的、自发的或零散的，也可能是有组织的、自觉的或系统的。它包括社会教育、学校教育和家庭教育。对于体育而言，除了由学校组织的一系列体育教学活动，还应包括家庭体育及社会体育。虽然家庭体育和社会体育不归属于学校体育，但是对于学生而言，单纯的学校体育并不足以满足他们的锻炼需要。因此，体育教师应当承担起学校体育、家庭体育及社会体育之间的桥梁。

而在家庭教育中，懂得体育知识的家长并不多，而且重视学生体育练习的更是少之又少。因此，即便是在家庭教育中，也应当由体育教师来指导学

① 袁炜煜，赵志鹏.微课程在高校体育教学中的应用研究[J].西部素质教育，2019，5（05）：140.

生家长，让家长学会如何使学生的体育锻炼与营养饮食健康达到良好的效果。新媒体具备这种联系家庭与学校间联系的功能。首先，新媒体本身就是一种通信媒介，在联系与沟通方式中，比以往的电话、短信等有得天独厚的优势，它可以传递语音、文字、图片、视频，可以以各种形式进行沟通。其次，新媒体的传播可以是一对多，即一个新媒体用户可以只发布一条信息，但收取信息的用户却是多个。以微信为例，当我们在自己的朋友圈中发布一条信息时，所有的微信好友都可以收到，或在自己的微信群、公众号中发布一条信息，其他人也都可以收到。例如，当学生本阶段需要进行以无氧运动为主的运动项目时，如体操，个别同学上完课会造成乳酸堆积，从而引起身体某部分肌肉疼痛。大部分家长因为缺乏体育与健康的知识，不知道如何减缓孩子的肌肉疼痛。这时，体育教师就可以通过微信朋友圈的方式，发布如做简单的有氧运动、洗热水澡、按摩的方法等文章，让家长在家里帮助学生缓解乳酸堆积的疼痛。再如，学生的营养健康问题也是体育教师的重要工作之一。什么季节学生应该吃些什么，在学生成长过程中如何进行饮食营养搭配等，教师都可以通过新媒体的方式定期整理、发布，让学生家长学习，为学生的健康成长一同努力。

在学校体育与社会体育的联系中，学校体育应与社会中各种类型的俱乐部、体育场、医院等建立起有效且经常性的联系。在现阶段经济发展情况较优的城市中，各俱乐部、医院等都有隶属于自己的官方微博。以学校与健身俱乐部为例，大型的健身俱乐部现阶段的主要营销策略之一就是网络营销，即通过微信、微博公众号等社交媒体，发布自己的广告，进而招募新会员。而在已招募的会员中，俱乐部中的各私教会与会员建立起以新媒体技术为基础的联系，如微信和微博等，在其中也会时常发布一些例如健康和运动的知识，让会员学习。学校体育的发展在很大程度上也需要校外的体育营销单位的帮助，而俱乐部的发展也需要通过影响学校中的学生进而影响其家人，这是一个双赢的合作。例如，与某学校与某俱乐部取得了合作，因健身俱乐部属于专业健身的体育行业，其在健身、修身、减脂方面的专业性要优于学校体育，所以健身俱乐部可以把自己的经验发布于新媒体上，可以让学生及其家长进行学习。这种知识的发布本身也是一种积极宣传与营销手段，这种影响也会产生一种反作用力，使学生及其家长在学习这些知识时，被其健身俱乐部中的氛围打动，然后加入会员行列之中，俱乐部也可以从中受益。

6. 新媒体技术可以激发学生的锻炼竞争欲

很多公司借助新媒体技术在近几年的体育市场上推出了一款名为“运动手环”的佩戴设备，这是一款多功能身体监测设备，佩戴在手腕上，除了可以用来当手表来显示时间，还可以记录如心率、血压、每天行走的步数、消耗的热量等生理数据。这款设备带动了很多使用者进行健康的竞争。佩戴这款设备的人会尽量让自己多走路，因为在每天结束后，运动手环可以自动将自己所走的步数上传至微信朋友圈等社交软件上，然后所有上传步数的人会有一个排名，这在很大程度上激励了一部分人少坐车、多走路。这样的竞争在学生中体现得更加明显，很多学生都会因为运动手环而每天多走一些路、多进行一些锻炼。这就是新媒体技术给学生带来的竞争欲望，刺激了学生进行更多的身体锻炼。

三、高校新媒体体育教学模式的应用策略

大学生借助新媒体能够掌握最新的体育信息，观看感兴趣的体育赛事，可以说，新媒体为大学生学习体育知识以及纠正动作技能等提供了便利。在新媒体时代，高校体育教学也应不断寻求创新与突破，推动高校体育教育发展。

（一）树立明确的教学目标和教学规划

高校体育教学中对于多媒体教学模式的应用和创新是新时期教学改革的重要趋势，同时也是提升高校体育教学水平和效率的重要方式。在新形势下，要想促进高校体育教学对多媒体技术的运用，需要积极树立明确的教学目标和教学规划。首先，要积极根据多媒体的技术特点，做好体育课程内容的优化，实现因材施教，以此为高校体育教学课程的开展提供有效的引导。其次，要积极针对高校体育教学的难点和疑点等进行有效的梳理，更好地提升学生的体育学习水平。

（二）完善和优化高校的技术水平和教学条件

为了保障高校体育教学中对新媒体的合理运用，还需要积极完善和优化高校的技术水平和教学条件。首先，政府和教育部门要针对现代教育的发展，为高校提供完善的教学资金，帮助高校在体育教学中引进全新的多媒体技术，也要进一步完善计算机技术以及互联网技术等，切实保证多媒体技术

在体育课程教学中的有效利用。其次，高校也要根据自身的教学环境和场地布局，积极拓展体育活动室，进一步完善基础的体育教学设施，为高校的体育教学创造良好的教学环境，为学生提供活动和锻炼的空间，进而提升学生的素质水平。

（三）构建开放的学习模式

新媒体时代下，新媒体已被广泛应用于各类教育中，也为传统高校体育教学注入了新的活力。教师与学生能够利用新媒体强大的搜索引擎功能快速查找到所需的体育教学与学习资源，因此新媒体能够有效地辅助体育教学。新媒体运用于大学体育教学中，打破了传统大学体育教学封闭式的教学方式，构建起全新的开放式的学习模式。教师能够通过视频、动画或图形等展示体育技术动作的全部过程，使体育教学更加形象生动。教师还可以引导学生通过新媒体，如微信等获取体育运动的相关信息以及开展学生群体之间的交流与讨论。新媒体为学生与教师之间搭建起一座沟通与学习的桥梁，师生能够随时随地地实现交流与互动。此外，在体育实践课授课环境受限时，新媒体能够充分发挥其超时空性，减小因不可抗因素所造成的教学进度缓慢，从而提升体育教学的整体效果，形成个性、开放的高校体育学习模式，进一步满足学生多样化的学习需求。

（四）开展混合式高校体育教学

高校体育教师应充分利用新媒体在高校体育教学中的优势，不断创新教学方法，提升高校体育教学的质量与效果。传统课堂教学与新媒体教学各有利弊，教师在教学过程中要充分利用二者的优势，开展线上线下一体化的高校体育混合式教学，从而使二者实现优势互补、相互促进。例如，教师可提前告知学生下堂体育课的学习内容，让学生利用新媒体技术观看相关视频及文字资料，进行课前预习。学生通过课前预习要对课程中体育运动的文化背景及技术特点有所了解。在课堂教学时，教师对学生的技术动作进行详细的讲解与示范，然后通过观察学生的练习情况，针对学生练习中存在的问题进行更有针对性的指导。在课程结束后，教师可以让学生利用新媒体技术查找自己动作中存在的问题，找出改进方法并加强练习，从而形成正确的技术动作。此外，学生还可以通过新媒体与教师和同学交流互动，教师针对学生在体育课程学习中存在的问题进行有针对性的指导，进一步延续课内教学，保证教学的连续性与有效性。

（五）引进和提升高校的师资队伍

多媒体体育教学模式的有效运用也有赖于教师主体因素，在现代化的教学环境下，高校体育教师也要积极转变教学观念，创新和改革自身的教学方式，积极强化对现代化多媒体技术的运用，以此更好地优化体育教学工作。另外，高校也要积极面向社会和师范院校汲取优秀的师资力量，进一步扩充自己的体育教学团队，这对于多媒体技术的有效运用和教学方式的改革都很大帮助。不仅如此，高校也要积极为体育教师展开系统的培训，针对现代化的技术手段以及多媒体技术的运用进行宣传和教育，从而提升教师的理论和实践教学水平。

（六）利用新媒体扩展教学活动

大学生要想熟练掌握体育运动的相关知识和动作技巧，仅仅靠教师课堂中的示范与讲解是远远不够的，还需要学生在课余时间不断地巩固练习。动作技能只有通过一定量的练习才能达到自动化与熟练化的程度。新媒体有效地拓展了教师的教学空间，教师能够利用新媒体实现高校体育课内及课外的有效衔接。教师可以通过新媒体发布有关课程重难点的相关视频与知识链接，让学生主动了解与探究。另外，在当天课程结束之后，体育教师还可以利用新媒体实现教学资料的共享，为学生课后复习、巩固当天所学的知识与技术动作提供便利，有利于学生主观能动性的发挥，有利于帮助学生养成良好的学习习惯。

第七章　基于有效教学理论的高校体育教学环境建设

第一节　体育教学环境的基本认知

一、体育教学环境的概念

要弄清楚体育教学环境的概念，首先必须明确人类环境、学校教育环境、教学环境等几个相关的概念。

从哲学的角度来看，人类环境包括两个层次，即外部环境和内部环境。外部环境即自然界，内部环境则是我们人类自己创造的文化。我们可以把环境理解为人生活于其中，并能影响人的一切内、外条件的综合，其既包括了人在社会中的条件和社会关系的综合，也包括了人类赖以生存的自然条件的综合。

学校教育环境是一个特殊的环境，它是学校中各类人员进行以教与学为主的各种活动所依赖的物质条件和社会条件的总和。学校教育环境本质上是一种人工环境，或者称为人文化的环境，因为学校教育环境中的一切无一不被赋予了一定的教育意义，体现了人们的教育观念和审美意识。学校教育环境又包含了许多层次和方面，其中教学环境是学校教育环境的重要组成部分。

教学环境是按照发展人的身心这种需要而组织起来的育人环境，我们可以把它看作学校的一切教学活动所必需的各种条件的综合。教学环境又有广义与狭义之分，从广义上来讲，影响教学的所有社会环境如社会制度、科学技术、家庭与社区条件等都属于教学环境；从狭义上来讲，教学环境主要指学校教学活动所需要的物质、制度与心理环境，如校园、校舍、各种教学设施、各种规章制度、校风、班风、课堂教学气氛及师生人际关系等。一般我们所说的教学环境主要是指狭义的教学环境。

体育教学环境是指开展体育教学活动所需要的所有条件的综合。很显然，体育教学环境是教学环境的组成部分，是一种相对微观的教学环境，故它不可能游离于教学环境之外而孤立地存在。

二、体育教学环境的功能

实践表明，体育教学环境在体育教学活动中具有重要意义，它是体育教学活动必不可少的物质基础。较之学校其他学科的教学，体育教学环境对教学产生的影响更直接、更适时、更显性。这是因为体育教学环境是师生进行教与学的舞台，缺乏这样一个舞台，师生的教与学就失去了依托。从表面上看，体育教学环境处于教学活动的外围，是相对静止的，但实际上它却以其特有的影响力持续地干预着体育教学活动的进程，系统地影响着体育教学活动的效果。

（一）陶冶功能

实践证明，优雅文明、美观和谐、活泼向上的体育教学环境对陶冶学生的情操、净化学生的心灵、培养学生的审美情趣以及养成学生高尚的道德品质和行为习惯有着重要的意义。通过各种有形的、无形的、物质的、精神的体育教学环境因素的综合作用，能够耳濡目染，潜移默化地熏陶、感化学生，从而产生一种春风化雨、润物无声的教学效果。体育教学环境的这种陶冶功能如果运用得恰当，对实现体育教学的目标乃至学校体育的目标都具有重要的意义。

（二）激励功能

良好的体育教学环境，一方面可以有效地激励教师教学的工作热情和动机；另一方面，可以提高学生学习的积极性和自觉性，从而推动体育教学工作的顺利进行。体育教学可以为学生创造一幅诗一般的画面和意境：碧绿的草坪、湛蓝的天空、清新的空气、整洁的场地、个性化的器材与充满活力的运动场面。在这里，人与自然、人与环境、人与运动已经浑然一体。置身于这样的环境中奔跑、跳跃、拼抢，对学生而言，是他们人生中最惬意的享受。在这里，学生热爱运动的自然本性展现得淋漓尽致，而体育意识则宛如春天的藤萝，在学生的心中一天天地萌发、滋长。

（三）健康功能

体育教学环境是师生长期生活、学习、工作的环境，环境的优劣直接关系到教师和学生的身心健康。一个卫生条件良好，没有污染和噪声，教学设施充足、安全的体育教学环境，可以有效地促进师生特别是学生的身心健康。另外，体育教学中宽松和谐的课堂气氛和良好互助的人际关系还对学生心理健康有积极的促进作用。

三、体育教学环境的特点

（一）物理环境的特征

体育教学环境之所以在体育教学活动中发挥着不可忽视的作用，主要是由物理环境的特点所决定的。

1. 开放性

体育教学环境是按照一定的目标和需要专门设计和组织起来的一种开放式、全天候的特殊环境。构成这一特殊环境的因素都经过了一定的论证、选择、提炼和加工。但是，尽管如此，它仍然比其他学科教学环境更难以集中、更难以驾驭、更难以把握。

2. 可变性

体育教学环境可以及时加以调节控制。教师在体育教学活动中可以根据教学活动的需要以及教学环境的变化，不断能动地对教学环境进行必要的调节控制，汲取其中对学生身心发展具有积极影响的因素，消除消极影响因素，使体育教学环境朝着有利于教学活动顺利进行的方向发展。

（二）心理环境的特征

课堂心理环境是指课堂教学中师生占优势的某些态度与情感状态的综合表现，是体育教学过程中相对稳定的集体情绪状态，是学习心理活动与学习个性特征之间的中介因素。

1.和谐性和民主性

这是健康教学心理环境的首要特征，因为只有在宽松、和谐、民主的课堂心理环境中，学生的人格、情感、需求、爱好及创造力才能得到充分的尊重，各种潜能才会被挖掘出来，从而促成学生非智力因素的健康发展，改善学生的学习心态，达到成长性学习、发展性学习的目的。

2.主动性和自主性

这是教学活动的本质特征，只有教学内容、教学策略、选择的教学方法能充分激发学生主动学习的积极性和热情，调动学生体育锻炼的兴趣和端正其对体育的态度，学生才会有较强的自主学习意识、动机和行为。

3.潜隐性和无形性

潜隐和无形是指课堂心理环境往往以一种情绪体验的方式存在着，它没有明显的外在形状，与其他物化的环境相比，它难以捉摸、难以量化，但会微妙地进入教学过程，每个学生都能真实地感受到它的存在。学生通过各自对教学环境的感知，而采取相应的行为以适应教学心理环境，从而产生不同的学习效率。

4.灵活性和多变性

课堂教学系统是动态的，师生的心理环境都会随着教学进程而不断发生变化。首先，由于每一位教师的个性、对自己工作的理解、工作的态度作风不同，导致他们对学生所提出的要求也有不同，因而不同教师的授课将产生不一样的心理环境。课程的性质、学生的年龄、课堂中的偶发事件等都将影响学生对课堂学习情境的感知，从而使其心理环境产生变化。

5.快乐性和成功性

只有给学生的成长创造一个更具内涵的心理环境，才能更好地激发学生的各种兴趣爱好，发展其特长。而在运动中产生的愉快感具有直接的健康效应，会使活动者更易获得积极的心理健康效应。学生对成功的体验，不仅应体现在其追求成功的道路上所充满的友谊和快乐，更应体现在其在挫折与失败中所付出的艰辛与苦涩，从而真正领略和体验体育的全部乐趣，达到身心健康。

6. 挑战性和创造性

这是健康的课堂教学环境的核心特征。只有在课堂中不断标新立异，不断地设置新的目标，使学生不断挑战并超越自己，锻炼意志品质，充分发挥聪明才智，体验更高层次的快乐和心理享受。

（三）情感环境的特征

良好的课堂情感环境来源于学生之间有较多的社会交往和师生间有和谐的关系，它是建立在师生之间信任、支持又互相尊重、负责，以及人与人之间的心理沟通非常和谐的基础上的。在这种轻松、愉快的气氛中学习、成长是每个人的幸福。研究发现，在有效的教学中，良好的课堂心理气氛具有以下特征：

1. 信任感与互动性

人人都希望得到尊重与信任，尤其是现在的学生，他们总希望得到尊重、信任与鼓励。尊重学生最有效的方法就是信任学生。如果教师能信任和支持学生，学生将更加信任教师；如果学生信任和支持教师，教师也将更加容易实现自己的教学机智。在师生间、学生间协作、共享、相互支持的心理环境下，进行信息交流，相互评价以及共享成果，可以激发学生自身的心理潜能，使其获得丰富的知识，同时体验到对他人的接受、包容、信任和认同的积极情感，从而为学生自我意识、交往能力的培养以及社会化程度的提高提供条件。

2. 独立性与自由性

师生之间平等、自由的交往对学生成长的意义不仅在于其学习的进步，更意味着其情感、意志等方面的完善，如独立的精神与他人自由交往的自信心等，这是学生完整自我形成的必要条件。古希腊普鲁塔戈曾说："头脑不是一个要被填满的容器，而是一支需要被点燃的火把。"在课堂教学中，知识的传递并不是教师工作的全部，而培养学生独立、创造、自主学习的能力更是教师工作的重点。因此，创设独立、自由的课堂心理气氛是人的思想能够充分发挥的前提。

3. 轻松感与和谐性

有效的沟通是师生之间培养良好感情的先决条件。当人们轻松、愉快地表达自己的情感与见解时，他们就会感觉到自己被理解、被接受，就会感受到课堂上那种比较令人愉快的气氛，这可以增强学生的自信心与创造能力。

三、体育教学环境的构成要素

从系统的角度来说，学校是一个相对独立且较为复杂的系统，学校内部的一切事物，包括物化的、有形的、无形的等都是体育教学环境的内容。体育教学环境由多种要素构成，这些要素既有物质的，也有心理的；既有制度的，也有非制度的；既有有形的，也有无形的；既有动态的，也有静态的；既有室内的，也有室外的；等等。总的来说，构成体育教学环境的要素可大致分为三大类，即物质环境、制度环境和心理环境。

（一）体育教学的物质环境

1.体育教学场所和设备

体育教学的场所具有一定的特殊性，除了各种不同功能的教室，还有体育馆和各种体育场地，如田径场、篮球场、排球场等以及这些场地周围的环境，如阳光、空气、树木、草坪等。体育场馆的布置与建设除要考虑学校整体的布局外，其位置、方向、采光、通风、颜色、声音、温度以及建筑材料等都必须要符合运动和学生身心的特点，以及安全、卫生与审美的要求。如田径场跑道的方向一般要与子午线相一致；体育馆的墙面和有些体育场地的地面颜色一般采用比较温暖的颜色，诸如柔和的黄色、珊瑚色和桃红色等，因为暖色调可使人在视觉上和情感上的兴趣趋向外界，可提高中枢神经的兴奋性。体育教学场所同时又是整个学校校园环境的重要组成部分，蕴藏着极为丰富的文化内涵，因此应该成为学校最亮丽的风景和最吸引学生的地方。

体育教学设备主要有两大类：一类是常规性设备，如桌椅、实验仪器、图书资料、电化教学设备等；另一类是体育器材设备，如体操垫、单、双杠、篮球、足球、排球、健身器材、标枪、铁饼、铅球等。这些设备是开展体育教学活动的必备条件，对完成体育教学的任务起着重要的作用。

各种体育教学设备的设计与安排应该考虑学生身心发展的特点，如篮球架的高度设置就必须考虑学生的身体发育特点，将成年人用的篮球架安置在中小学校园里，显然是不适宜的。另外，场地器材应该布置得美观、卫生、别致、新颖，以便能使学生在心理上产生一种悦目、明快、舒适、跃跃欲试的感觉，这对诱发学生的学习欲望具有非常重要的作用。

2. 体育教学信息

体育教学过程是一个各种信息相互传递、接收的过程，体育教师和学生都可以成为信息的输出源和接收源。体育教师输出的信息是一定的体育教学内容，对学生体育知识和技能的掌握及情感的培养有着重要作用。同时，学生在学习过程中的各种信息也会通过一定的途径反馈给体育教师和其他学生，使教师能及时地调整自己的教学安排。

在现代生活中，广播、电视、书籍、报刊等大众传媒和计算机网络也构成了体育教学的重要信息源，特别是电视、报刊和计算机网络中体育方面的信息对体育教学活动有非常大的影响。如我国的奥运冠军往往是学生追捧的对象，这在无形中影响了学生对体育的态度、兴趣以及情感等。需要注意的是，体育教师应该正确处理和运用各种信息，使之能为提高体育教学质量服务。

3. 班级规模

班级规模是指一个班学生人数的多少，它对教学活动、学生的学习成绩和学习动机与情感的培养都起着重要作用。班级规模一般不宜过大，否则会降低教学的效果，特别是体育教学，如果班级人数太多，不仅加大了教师教学组织工作的难度，还会影响学生学习的效率，也不利于教师因材施教，满足不同学生的不同需要。所以，体育课的学生人数一般控制在 20 ～ 40 人为宜。

4. 队列与队形

体育课堂教学中队列与队形的安排反映了体育教师与学生的空间位置关系，它直接影响着体育教师与学生的交流与互动，并对学生的学习动机、课堂学习行为甚至体育课成绩都会造成一定程度的影响。

体育课堂教学中队列队形编排方式是多种多样的，主要有：长方形编排方式；圆形编排方式；双圆形编排方式；半圆形编排方式；双半圆形编排方式；马蹄形编排方式；双马蹄形编排方式以及散点形编排方式等。在体育教学中采用何种队列队形的编排方式主要取决于具体的教学任务和内容，但前提是其必须有利于体育教师和学生的交流与互动。

（二）体育教学的制度环境

1.体育课堂常规

体育课堂常规是在体育教学中为了完成课程的教学任务对体育教师和学生所提出的共同要求，如上课时体育教师和学生都应该穿运动服和运动鞋；课开始时师生之间相互问好，课结束时师生间相互道别等。这些表面上看起来微不足道的细节，其实隐含着巨大的教育作用，对师生的课堂行为具有极强的规范和约束作用。特别是如果体育教师能长期坚持不懈地贯彻课堂常规并能以身作则，则对学生的体育态度与行为乃至思想品德将会产生不可估量的影响，甚至会持续一生。

2.作息制度

一个学校的作息制度大致规定了学生每天在学校各种的活动内容、时间顺序等。体育教学的时间安排也是由其决定的，但在大多数学校，这种安排的随意性很大。实际上，作息制度的安排应该充分考虑学生一天的生理、心理活动变化的基本规律，因为学生的生理、心理活动能力在一天每个时段的表现是不同的。研究表明，体育课安排在下午是比较合理的，因为人体运动能力最佳的时间是下午。当然，作息时间表的确定还要考虑各个学校具体的实际情况。

3.体育课成绩评价方法

体育课成绩评价包括评价指标、评价指标权重和评价标准等几个方面，它是对学生体育学业成绩的一种衡量。体育课成绩的评价方法对体育教师的教和学生的学都有一定的导向和激励作用。评价方法运用得恰当，可以调动学生学习的积极性，并能使体育教师及时获得学生学习的有关反馈信息，为体育教师改进教学提供依据。

体育课成绩评价的总体要求是：在内容上要全面，既要评价学生的体育技能、身体形态、机能和身体素质水平，又要评价学生的体育态度、习惯，以及对体育的认知水平等；在评价方法上要多种多样，要注意将绝对评价与相对评价相结合、过程评价与结果评价相结合、阶段评价与总体评价相结合以及多种水平的形成性评价和个体内差异的评价方法相结合等；在评价形式上，要将“教学摸底”型评价、“教学反应”型评价、“教学反馈”型评价、“成果把握”型评价和“认可”型评价等多种形式结合起来。

（三）体育教学的心理环境

1. 校风与班风

校风是指一个学校内部所形成的社会气氛，它是学校的一种集体行为风尚，与学校的教风、学风、班风及领导作风等有密切关系。班风是指一个班级所有成员在交往中形成的一种共同心理倾向，一旦形成，便会成为一种约束力，直接影响班级的每个成员。

校风和班风都是一种无形的环境因素，依靠群体规范、舆论、内聚力等无形的因素来影响学生的态度、价值观和其在课堂上的学习表现，有着巨大的教育力量，因而对体育教学活动有非常大的影响。

2. 学校体育传统与风气

学校体育传统与风气是指一个学校在体育方面养成并流行的带有普遍性、重复出现和相对稳定的一种集体行为风尚，它是校风的有机组成部分。良好的学校体育传统与风气会对学生产生潜移默化的影响，对学生形成正确的体育态度、兴趣、爱好，养成良好的体育锻炼习惯以及提高学生的体育文化素养等都有着非常重要的作用。

努力营造良好的体育传统与风气，对一个学校来说，是一项系统而长期的工作，必须通过多种途径和形式来进行培育和建设，这对提高体育教学质量具有重要的战略意义。

3. 体育课堂教学气氛

体育课堂教学气氛是指班集体在体育课堂教学过程中所形成的一种情绪、情感状态，它包括师生的心境、态度、情绪波动、师生间的相互关系等。积极的课堂教学气氛有利于体育教师和学生之间的信息和情感交流，能最大限度地引发和调动学生学习的积极性和自觉性，并且有利于帮助学生树立克服困难的勇气和信心。

体育课堂教学气氛所涉及的因素是多方面的，既有人的因素如体育教师与学生，也有物的因素如体育教学场所，还有心理的因素等。创设良好的体育课堂教学气氛需要综合利用各种因素的积极作用，更需要体育教师和学生的共同努力。

4. 体育教学中的语言环境

体育教师是与学生接触最频繁、最密切的教育者。在体育教学中，语言直接影响到教师与学生、学生与学生之间的相互理解和相互交流。教师的言行不仅代表着他们的思想感情、审美情趣，对学生还起着感染熏陶的作用。此外，教师和学生的语言活动存在的差异性也会直接或间接影响所要交流的情感、态度、行为和理解的效果，从而制约和影响体育教学目标的实现。良好的课堂语言环境将会有助于体育知识、技能的有效传播，有效地增加师生间的思想交流，对学生产生深刻的、潜移默化的作用和影响。

5. 体育教学中的人际关系

人际关系是人们在社会交往中形成的各种关系。体育教学中的人际关系是指教师与教师、教师与学生、学生与学生之间的关系等。这些人际关系交织在一起，构成了体育教学的人际环境。这种人际环境的状态影响着教师和学生的情绪、认知和行为，从而影响着体育教学效果。体育教师是学校体育工作的主体，他们之间良好人际关系的形成，有利于他们在体育教学领域中相互交流、相互学习、共同提高，有利于体育教学活动的顺利进行。学生间的关系也是影响体育教学工作的重要因素。过去，人们总以为学生间关系比较单纯，对学生间的关系给体育教学带来的影响没能够给予足够的重视。实际上，由于家庭环境和学生自身情感与兴趣、道德修养、知识水平等方面的差异，学生间形成的关系也是很复杂的。研究表明，在学生的复杂人际关系中至少产生以下四种人际关系类别：人缘生、孤立生、嫌弃生、矛盾生。这些不同的人际关系会对学生的思想、情感、学习效果乃至人格产生深刻的影响。师生之间的关系是在教学过程中，在师生交往的基础上通过师生间的相互认识、相互影响、相互交流而形成的。体育教学中师生关系对学生的影响是多方面的，它可以影响学生对教师课程项目的兴趣，影响学生的学习情绪、学习效率以及锻炼效果，还可以影响学生思想品德的发展。因此，作为体育教师，在日常教学和生活中既要注意自身的思想品德和工作作风的修养，又要努力提高业务素质，争取为体育教学创造一个良好的人际环境。

第二节　高校体育教学环境的设计与实施

一、高校体育教学环境设计的原则

（一）教育性原则

高校是一个特殊的环境体，高校的作用在于净化身心，启迪知识。因此，针对高校体育教学环境的设计和优化要注意教育性原则，即要有利于激发学生的体育思维，有利于提高学生的体育动机，有利于陶冶学生的体育情操。

（二）科学性原则

对体育教学环境的设计与优化应遵循一定的科学性，应从体育教学目标、体育教学内容的实际和特点出发，尽可能满足体育教学活动的各种需要；对体育教学环境的设计与优化要符合学校美学、生态美学、建筑美学等基本要求。

（三）系统性原则

高校体育环境构建是促进教育优质化实施的措施之一，是高校体育部门的任务，也是高校多个部门相互支持的结果。从系统观的角度出发构建体育环境，首先要提升环境的系统意识，以发展高等教育为目标，做好高校体育环境建设的资源开发和共享。其次，要提升高校体育制度的有效性和适用性。最后，要加强高校体育舆论宣传，促进学生参与体育锻炼的积极性，更好地带动高校体育环境氛围的建设。

（四）区别对待原则

体育教学环境的设计与优化要考虑不同年龄、不同性别、不同身体素质的学生身心发展的基本规律。要照顾大多数学生的需要，并且要特别关注部分特殊群体的需要和个性发展需要。

（五）人文性原则

所谓人文性原则，是指体育教学环境的设计与优化要始终以学生为本。各种体育教学物质环境的设置不仅要体现对学生的人文关怀，考虑到学生的生命安全、卫生等，还要营造出和谐的、充满人性的、民主平等的氛围。

（六）实用性原则

所谓实用性，是指体育教学环境的设计与优化要根据各个高校的实际情况和实际经济条件，符合经济、高效、实用的宗旨。注重体育教学物质环境的因地制宜以及高校体育教学心理环境的独具特色，形成各个高校的特色。

二、高校体育教学环境的实施要素

（一）以学生发展为主，提升环境对兴趣的激发效果

要充分利用高校体育课程的开展，提升高校体育环境的使用和改进空间，充分保证体育环境的建设进程。首先，通过认真组织和实施体育课，保证学生掌握体育技能的有效性，不断提升学生的体育意识和体育观念。充分借助高校的文化优势，加强对新兴运动项目、新生体育明星的宣传，更好地激发大学生参与运动的激情，保证体育环境创新特点的延续。其次，要不断增强体育学习内容的新颖性和适用性，在促进学生体育技能、体育意识发展方面构建体育教学的环境氛围。

（二）加强高校体育制度环境的创设，提升高校体育教学的规范化

在高校体育环境创建的过程中，要在遵守学校体育工作条例的基础上，制定适合高校体育环境形成的考核办法，加强对大学生运动会、课外社团、竞技比赛等管理制度的制定，从场地、场馆使用制度到运动员选拔制度等都要按照一个良性的运作过程来提升制度环境创建的有效性。

（三）创建适合大学生身心发展的体育环境

在接受体育教育的过程中，大学生的身体素质得到了一定的发展，如果只是照搬所谓的“优秀课程”，将会导致学生对体育课程敷衍了事。因此，只有选择合适的体育教学内容，才能够使学生真正爱上体育课。

（四）充分利用高校的体育教学物质环境

充分利用学校已有的各种有利的环境条件，创设具有特色的学校体育教学环境。在高校体育教学环境的设计与优化中，各个高校要充分挖掘，精心设计、开创和突出各个高校的体育教学特色，进行合理的变通，将不利的体育教学环境转化为有利的体育教学环境。

（五）加强体育课堂教学管理，营造宽松、和谐、民主的体育课堂氛围

用基本的规范强化课堂的教学管理，帮助学生进行自我管理，提高学生在体育教学活动中的自我约束能力。培养学生主动参与体育学习的态度和习惯，让学生主动参与到体育教学活动中，注重课堂教学活动中的人际情感交流，形成教师与学生互相激励、互相鼓舞的良好情感氛围。

第三节　基于有效教学理论的高校体育教学环境的优化途径

一、高校有效体育教学自然环境的优化

（一）完善高校体育教学硬件环境

体育设施、器械、场地等体育教学硬件环境的完善情况是高校体育教学顺利实施的重要保障，是造成我国目前高校体育教学环境存在差异性的主要原因，而体育教学硬件环境的不完善关键是由投入经费不足所引起的。因此，要想完善我国普通高校体育教学硬件环境，改善体育教学参差不齐的现状，首先就要加大体育教学经费投入。作为政府来说，要在坚持区域教育均衡发展的基础上，给予各院校体育教学独立发展的空间，使其能够根据院校本身的实际情况来自由发展本院校体育教学事业，并在对体育教育经费的分配过

程中努力做到分配主体的均衡、合理、公平。同时，要鼓励院校通过引进外资、校企合作等多种形式来筹措体育教育资金，并给予一定的政策支持。作为学校来说，要在各级政府的领导下，不断拓宽体育教学经费的来源渠道，通过实行校企联合、场馆运营等形式来筹措体育教学经费，加大体育设施场地建设力度，对陈旧、破损的体育器械进行必要的维修和更新换代。作为师生来说，不仅要通过对体育教学设计的优化来提高对现有硬件体育教学环境的利用率，使现有体育教学硬件元素的功能得以充分发挥，满足日常体育教学需要，还要充分发挥自身的创造力和思象力，通过自制体育器材来改善体育硬件环境不完善的现状。

（二）运用多媒体教学提高体育课堂教学效率

多媒体作为一种先进的教学技术，目前已经被广泛应用在各个学科的教学中，对各学科的课堂教学构成辅助作用。体育教学不仅包括体育技巧训练、身体锻炼，还包括基础的体育知识讲授，它集体育理论教学与实践教学于一体，具有较强的实践性。因此，在进行课堂教学时，由于一些体育动作较为复杂，普通的教授很难令学生理解，而利用多媒体技术来辅助体育课堂教学，就能够通过多媒体图形模拟视频播放等功能将学生头脑中陌生的动作、状态平面、立体化，便于学生理解，有利于体育课堂教学效率的提升。此外，多媒体教学技术的运用还能够起到活跃体育课堂教学氛围、拓宽学生视野的目的，使学生在轻松愉悦的环境中进行体育知识的学习。

（三）构建良好的体育教学文化氛围

构建校园体育教学文化氛围，强调在校园内围绕学生而开展一系列的体育文化活动，最终在校园内形成一种良好的体育文化精神氛围，它与学生的生活方式、体育学习状况、校园体育学习风气等互相联系、互相影响。在校园内构建良好的体育教学文化氛围，有助于学生在体育学习过程中对体育形成正确的价值观及认识，对学生的体育学习动机、行为以及学习效率都具有积极的影响。因此，在日常体育教学中，我们要十分注重体育文化氛围的构建，通过校园报纸、广播等形式对体育文化向学生进行广播和宣传，并组织形式多样的体育课外活动、竞赛，从而加深学生对体育文化的认识。

二、高校体育教学物质人文环境的优化

（一）精心选择、规划体育活动场地

气候、温度、光线、声音、气味、色彩等物理因素会直接影响到学生的身心活动，会使学生产生不同的生理和心理反应。清新的空气、整洁的场地、广阔的空间等能够使学生心情愉快、学习认真、精力集中，较快地掌握动作，提高学习效率。如果让学生在空气污浊、尘土飞扬、卫生情况较差的场地上学习，就会令学生精神涣散，降低教学效果。

作为体育教师，首先要充分做好课前的场地准备。通过巡视，进行精心设计、合理布局。如果体育课选在阳光灿烂的日子，整洁的塑胶篮球场，绿色的人工草坪，红色的跑道，加上绿树成荫的绿化带上进行，每一个学生都会以最明朗的心情去拥抱蓝天和阳光。这种良好的教学环境就具有很强的凝聚力，它可以通过自身特有的影响力将学生聚在一起，使他们产生归属感和认同感，并产生安逸愉快感。

（二）巧妙选择、组合体育活动器材

作为教学环境的重要组成部分，体育教学设施不仅直接影响和制约着体育教学活动的顺利进展，还以其自身的外部特征给学生带来不同的刺激，如体育器材布置错落有致、整洁有序，可以带给学生一种愉快、轻松的感觉。教师应充分备课、熟悉教材，对场地器材进行科学合理的布置，为学生创造一个良好的练习环境，激发学生参与教学过程的欲望；调动学生多重感官的积极反应，使学生在认知过程中，促进对信息的感知、理解，对学习情绪、教学效果、教学质量产生良好的影响，从而达到预期的教学目的。

活动器材的选择、搭配是优化体育教学环境的重要内容。色彩的合理搭配可以提升学生的兴奋度。如红色使人兴奋，绿色使人平静，单调的色彩使人感到沉闷，不同色彩可使人产生不同的心理感受和情感体验。不同颜色的体育器材的合理搭配给人一种跃跃欲试的感受，利用各种颜色的搭配可以激发学生学习的积极性。

（三）构建新型师生关系

体育教育同样是一种精神的播种，它收获的不仅仅是知识和技能。在体育教学中，师生平等是教育活动的基础和出发点。只有平等、对话、理解的

师生关系才是真正符合人性的师生关系。首先，体育教师要改变以往“教练式”的严肃面孔，以平等、理解的方式和学生互动、交流。人与人只有在平等的基础上，才能彼此敞开心扉，进行真正的对话、沟通，从而达到相互理解的境界。其次，倡导沟通是体育教学新型师生关系的主导趋向。沟通不仅是信息的双向流动，而且是交往双向理解和包容。师生在体育教学活动的沟通中协调了彼此的情感与行为，增加了智慧，丰富了生命的体验，提炼了生活的意义。体育教育教学的任务不仅仅是知识的传授，还是人与人之间的交流过程，通过师生的对话、理解，从而使双方受到精神的教育。

另外，作为体育教学，更要尊重个人的特殊性和具体性。学生的身体素质各异，如何对照国家体育健康标准，针对每一个不同的个体，帮助每一个学生获得体育素养，是体育教师迫切需要研究的内容。体育教师要在平等、沟通、对话的基础上去理解学生的生活世界与精神世界。

（四）提升传统的学生关系

体育教学环境同样会对学生的人际交往产生一定的影响。教师和学生之间、学生与学生之间的关系交织在一起，形成了教育环境的人际环境，它影响着师生的情绪和认知行为。建立良好的人际关系，形成积极健康的集体舆论，有利于促进学生体育能力的发展以及体育意识的提高，有效地提高体育教学的质量。

在体育教学中，由于学生的体育素质不同，他们很容易形成特定的心理场。如体育素质好的学生容易扬扬得意，体育素质弱的学生容易自卑自弃。由于体育教学的现场效应，以及结果的公众效应，很多学生，尤其是女生，随着年级的升高，对体育学习会产生畏惧心理。体育教师尤其要把握好教育教学的具体性和特殊性，在宽阔的操场上营造一种相互欣赏、彼此肯定的评价氛围，让每一个学生的发展都能得到鼓励和发现。

另外，由于体育固有的竞技性，“竞争”和“挑战”在体育教学中无一不让每一位学生激动心跳。每周数节体育课，学生会经历无数次的挑战与竞争，有个体的，有集体的。如何鼓励每一个个体“永不言败”，“努力、努力、再努力”，如何帮助学生形成“互帮互助”“互相勉励”“彼此鼓劲”的集体氛围，形成集体中“一个也不掉队”的团队精神非常重要，而体育教师在每一节体育课堂教学中都拥有这样的时机，所以，要把握好。另外，小组合作是体育教学中常用的组织方式，体育教师可以巧妙地利用这种组织形式，在教育教学中既培养学生的合作意识、合作能力，又培养学生为了共同的目标不甘落后的拼搏精神。

优化人际环境，建立和谐、融洽的学生个体之间、班级之间、群体之间以及师生之间的关系，才能使学生在体育活动中得到心理上的满足，从而获得良好的体育教学效果。

第八章　基于有效教学理论的高校体育教学评价

第一节　体育教学评价的基本认知

一、教学评价的含义和功能

（一）教学评价的含义

教学评价是对教学工作质量所作的测量、分析和评定，是以教学目标为依据，按照科学的标准，运用一切有效的技术手段对教学过程和结果进行测评，给予价值判断并为教学决策服务的活动。教学评价是对教学活动现实的或潜在的价值作出判断的过程，是研究教师教学和学生学习价值的过程。教学评价包括对教学过程中教师、学生、教学内容、教学方法、教学环境和教学管理等因素的评价，主要是对教师教学过程和学生学习效果的评价。教学评价有两个核心环节：对教师教学工作（教学设计、组织、实施等）的评价和对学生学习效果的评价。

对教学效果进行评价可以了解教学各方面的情况，从而判断教学的质量、水平和缺陷。全面客观的教学评价工作不仅能评估学生实现教学目标的程度，还能解释教学效果不佳的原因。教学评价是对教学进行的一次严谨的科学诊断。教学评价的具体作用如下：第一，激励作用。教学评价对教师和学生具有监督及强化作用，通过评价能反映出教师的教学效果和学生的学习成绩。教学实践表明，在一定的限度内，经常进行记录成绩的测验能有效激发学生的学习动机，促进课堂有效教学，促进学生核心素养的提高。第二，调节作用。教学评价反馈的信息可以使师生了解教和学的实际情况，师生根据教学评价的反馈信息修改教学计划，调整教学行为，从而有利于实现预定的教学目标。第三，教学作用。评价本身也是一种教学活动。在这个活动过程中，学生不断获取知识和技能、智力和品德，有助于促进学生的全面发展，有效促进了教学活动。

（二）教学评价的功能

体育教学评价是对体育教学工作质量所做的测量、分析和评定，是以体育教学目标为依据，按照科学的标准，运用一切有效的技术手段，对体育教学过程和结果进行测评，并给予价值判断，为体育教学决策服务的活动。体育教学评价有两个核心环节：一是对教师教学工作（教学设计、组织、实施等）的评价，即教师课堂和课外的教学评估；二是对学生学习效果的评价，即考试与测验。体育教学评价的方法主要有量化评价和质性评价。斯塔佛比姆说过，评价不是为了证明，而是为了改进，这实际上是对评价功能最好的诠释。① 体育教学评价主要有以下四项功能：

1. 导向功能

体育教学评价体系的建立和完善对于教学具有导向功能。特别是在课程改革过程中，评价内容和标准可以反映出体育教学的侧重点和价值取向。通过构建科学的体育教学评价体系，可以使教师和学生明确教学的重心和方向，以此来促进体育教学的改革与发展。

2. 诊断功能

从一般意义上讲，体育教学评价本身就是一个价值判断的过程。通过对体育教学过程中教师与学生的行为及效果情况的程度判断，教师可以有效地发现体育教学中存在的问题，并及时对体育教学作出调整和改善，促进体育教学质量的不断提高。

3. 激励功能

体育教学评价不仅仅是对教师的教学进行评价，更是激励教师有目的地、有针对性地不断学习、改进、提高的过程。教师通过体育教学评价可

① 周洪宇．以科学的教育评价推动新时代教育学发展 [J]. 中国教育学刊，2020（12）：1.

以清楚地了解体育教学中的优点、亮点、特点和弱点，为教师今后的发展提供内在的需要和动力。

4.鉴定功能

科学有效的体育教学评价不仅可以鉴定教师的工作态度、工作能力、业务水平，还能判断出学生的学习状态，以及体育教学的优劣。体育教学评价的这种功能使其成了学校管理工作的重要工具和手段。体育教学评价不仅可以促进教学质量的提高，还对推动教师专业发展有很大的意义。

二、体育教学评价的含义和种类

（一）体育教学评价的含义

所谓体育教学评价，主要是指在体育课程中一般性教学评价的具体应用，同时也是体育课程教学的重要环节。要卓有成效地开展体育教学工作，真正实现提高学生综合素质的目标，就必须在实际教学中贯彻新的教学理念，利用新的教学方式和丰富的、与实际社会生活相配套的体育课程内容来进行教学，而所有这些都需要有与之相对应的教学评价配合。因此，只有对当代体育课程的教学评价有较深入的了解，树立全新的教学评价观，充分发挥其在体育课程教学中的向导作用。

（二）体育教学评价的种类

1.体育教学的绝对评价

体育教学的绝对评价主要是指按照体育教学的目标评价体育教学的设计方案、教与学的成果。此评价形式在被评价的集合与群体之外建立了体育教学评价的基准，针对某种指标对集合或者群体中的每一个成员同基准进行逐一对照，进而判断其优劣。

体育教学绝对评价的优势是存在比较客观的评价标准，因此在体育教学的评价过程中，如果能够恰当地使用此种评价方式，那么就能够保证每一个被评价者都能够对自身同客观标准之间的差距有所了解，以便于他们能够不断地努力向标准靠拢。此外，体育教学的管理部门通过体育教学的绝对评价，可以对体育教学各项目标的完成情况进行直接鉴别，同时能够明确即将开展的工作的重点。但体育教学的绝对评价也是存在缺点的，在对评价标准进行制定与掌握的时候，容易影响到被评价者的原本经验与主观意愿。

2. 体育教学的相对评价

体育教学的相对评价就是指将基准建立在被评价对象的集合或者群体中，然后逐一地将各个对象同基准进行对比，以此来判断群体或者集合中的每一个成员的相对优劣。体育教学相对评价的基准是群体的平均水平，根据在整个群体中被评价对象所处的位置进行判断。而体育教学相对评价的优势是具有广泛的适用范围，且甄别性强。也就是说，无论群体的整体水平如何，都能够将优劣对比出来。体育教学相对评价的缺点是，基准会由于群体的不同产生相应的变化，所以容易导致评价标准同体育教学目标相背离。

3. 体育教学的自身评价

体育教学的自身评价主要指被评价者从不同的侧面、过去与现在进行纵横比较，从而对自己各个方面的能力展开评价，对自身的进步情况进行确定。体育教学自身评价的优点在于，能够对个性特点给予尊重，同时对个别差异给予重视。然而，由于具有相同条件的被评价对象没有与被评者进行比较，所以对其实际的水平与差异进行判断是很困难的。所以，在体育教学评价的实践活动中，选择评价形式的时候应该将相对评价与自身评价紧密地联系在一起。

4. 体育教学的诊断性评价

体育教学的诊断性评价，也被称作前置评价。在开展体育教学的某项活动之前，如在前期分析体育教学设计的时候，应该针对学生的智力、态度、体能、知识与技能等方面的情况开展摸底测试，以便于了解学生的准确情况与实际水平对学生是否具备体育教学新目标实现的必需条件进行判断，为体育教学决策提供一定的理论依据，保证体育教学活动同学生背景与需要的协同发展。

这里所说的诊断，是一个存在较大范围的概念，不仅能够对缺陷和问题进行验明，还能够识别各种各样的优点与特殊才能。所以，体育教学针对性评价的最终目的是对体育教学方案进行设计，使起点水平与学习风格不同的学生的需要得到满足，同时要在体育教学程序中对学生进行最有益的安置。

5. 体育教学的形成性评价

在体育教学活动开展的过程中，不断进行形成性评价是为了获得更好的效果。通过此种评价形式，教师能够准确地了解阶段设计成果、阶段教学效果与学生的学习进展情况与存在的问题等，及时作出反馈，并对体育教学工作进行不断的调整与改进。这种评价会频繁地发展，例如，学习一个知识点之后的练习、提问，一个单元之后的技术评定，一节课以后的小测试等。形成性评价是体育教学设计活动中的重要评价形式，在评价新的体育教学方案时，一般被应用在此方案的试行过程中，主要的目的在于修改该方案，收集有利的证据。从体育教学质量提高的问题上来讲，对于形成性评价要给予重视。

6. 体育教学的总结性评价

体育教学的总结性评价，也被称作后置评价，通常是当体育教学活动结束一段时间以后，为了把握体育教学活动的最终结果而开展的评价。例如，在学年末或者学期末的时候，体育教师会组织考评、考核，主要目的是对学生的学习结果进行检验，看看其是否达到了体育教学目标的要求。在体育教学的总结性评价中对体育教学过程中教与学的结果进行强调，进而全面地鉴定被评价者所取得的重大成果，对等级进行区分，对体育教学整个方案的有效性作出价值判断。

7. 体育教学的过程性评价

体育教学的过程性评价是指在体育教学开展的过程中，针对实现教学目标的手段与方案开展的评价。过程性评价的主要目的是对目标达成的手段与方法的使用情况进行关心与检查。例如，在完成某一个教学目标的过程中，使用游戏法与竞赛法哪一个效果更加明显；在某一个动作技能教学开展的过程中，究竟是使用完整法比较适合，还是使用分解法好；对于某一种技能的学习，是由学生自己探索发现的，还是在同伴的谈论与协作下实现的。所以，过程性评价的开展不是在体育教学过程中，就是体育教学设计的过程中。体育教学的过程性评价不仅能够促进形成性评价的继续修改，还能够促进体育教学过程中费用、时间与学生接受情况等方面所做的总结性评价的完成。

8. 体育教学的结果评价

针对体育教学活动具体实施以后产生的结果进行的效果评价，就是结果评价。例如，对于某一种体育教学方案的实施效果与某一种辅助性教学设施的使用价值所开展的评价。体育教学的结果评价侧重于对总结性评价的功能进行完成，同时能够提供形成性评价的相关信息。

9. 体育教学的定性评价

所谓体育教学定性评价，主要是指针对评价资料展开“质”的分析，是对综合与分析、分类与比较、演绎与归纳等逻辑分析方法进行应用，思维加工后所获得的资料与数据，进而开展定性描述的评价。一般会有两种分析结果出现：其一，描述性材料，存在较低的数量化水平，甚至毫无数量概念；其二，同定量分析相结合而产生的，即包含数量化但以描述性为主的材料。

10. 体育教学的定量评价

所谓体育教学定量评价，主要是指针对评价资料开展“量”的分析，是对统计分析与多元分析等分析方法进行应用，对所获得的资料与数据作出定量结论的评价。鉴于人的因素在体育教学中涉及范围比较广，因而使各种变量及其互相作用具有复杂性特点，所以，为了能够将数据的规律性与特征揭示出来，应该由定性评价来规定定量评价的范围与方向。

三、高校体育教学评价的原则和方法

（一）高校体育教学评价的原则

建立体育教学评价指标体系，既是评价工作的基础，又是评价工作的核心。体育教学指标是指被评价的因素。本书旨在通过研究和讨论体育教学评价的内容及其权重分配，为体育教师在教学评价中灵活把握教学评价的主要内容提供可操作的参考依据。体育教学评价指标体系建立的原则如下：

1. 方向性原则

通过对哲学、教育学、心理学、评价学等关于教学评价体系的基础学科的综合分析，可以知道，体育教学评价是根据体育教育的教育性质、教育目标进行的一项有目的的社会活动，因此，这就要求体育教学评价应具有方向性。本研究在设计体育教育评价时，首先是在马克思列宁主义前提下进行指标设计活动，其核心是要坚持有中国特色的社会主义办学方向，体现中国体育教育事业发展、改革和提高的方向。

2. 全面系统性原则

全面系统性原则是指在进行体育教学评价时，首先，不仅要对教师教的方面进行评价，还要对学生学习方面进行评价，确保师生双边教学评价的全面性。其次，要对师生进行各方面、多角度、全方位的评价。而要使评价做到全面科学，必须把定性评价和定量评价综合起来，相互参照，同时要把握评价指标的主次，区分评价指标的轻重，抓住主要评价指标的矛盾等。如在对体育教师教学的评价中，要做好对教师的课外工作、课堂教学工作、课后教研工作等与教学活动相关的评价；在对学生的评价中，要力求做好对学生学习态度学习动机、学习表现、运动行为、运动情绪、意志力等的评价，同时将运动参与的积极性、运动技能的发展等作为关键评价指标。

3. 可测性原则

体育教学评价的可测性原则是指在体育教学评价指标体系设置时，所有的指标必须具备可测量的特性，即所设计的指标必须可以通过观测或用测量工具的测量来获得明确的测量结果。也可以说是说使抽象的目标具体比，使它具有直接的可测性。例如，在体育教学评价中，对学生的百米成绩测量时可以通过秒表来测量，在篮球的投篮命中率测量时可以通过计数和数学计算来测量。

4. 可接受性原则

体育教学评价的可接受性原则是指体育教学评价指标设计要依据客观实际，而不应该依据主观想法，每项指标的设计都应有依据。具体而言，体育教学评价的可接受性原则包括五个方面：①体育教学评价指标体系设置必须有充分可靠的信息和资料来源。②体育教学评价指标体系设置必须从实际出发，依据学生的身心发展规律，这样才具备被评价对象的可接受性。③体育教学评价指标体系设置必须考虑评价的人力、财力、物力、时间及空间所允许的条件。因为体育教学评价的特殊性，在体育教学评价时还应该具体问题具体分析。④体育教学评价指标体系设置必须有鉴别力，即设置的指标要能够反映被评价结果的好坏。⑤体育教学评价指标体系设置必须追求“精”和“简”。

5. 指导督促性原则

指导督促性原则是指在进行体育教学评价时，要把评价工作和指导督促教学实际工作结合起来。教学评价不是目的，而是一个过程，最终的目的是指导具体的教学实践工作。要很好地利用体育教学评价的结果，并对体育教学评价的结果进行认真思考与理论分析，采用各种不同的方法横向比较同行教师的体育课教授水平、同年级与班级学生学习水平与能力等；纵向比较师生体育教学的成绩与结果，从不同的角度找出原因，并通过及时的、具体的、启发性的信息反馈，使被体育教学评价者明确今后的努力方向。

（二）高校体育教学评价的方法

体育教学评价指标体系的设计需要有很强的政策性和技术性，最重要的是要把国家的教育政策方针作为体育教学评价体系的设计依据，具体方法是要把体育教学目标逐级分解，形成多维度、多层次的具体评价指标的过程。

1.分解目标，形成目标层次系统

体育教学评价指标的设计要依据体育教学的总目标，确定体育教学评价的具体分目标，并对评价对象的情况进行具体分析，在充分了解评价对象的基础上，对评价目标进行恰如其分的分解，分解出的维度和指标应充分反映评价对象的本质特征与内在联系，形成一个完整的体育教学评价指标系统。

2.通过归类合并，进行指标筛选

通过对体育教学评价目标的分解，在初拟的维度和评价指标中，有的能够如实反映被评价对象的本质特征，通过对这些指标的评价，能实现体育教学评价的评价目标；而有的则不能反映被评价对象的实际情况，对这些指标应当进行修改和筛选。因此，对初拟指标进行归类合并和筛选，就可以精简评价的具体指标，提高指标质量。不仅便于评价实施，也能保证体育教学评价体系实施的效度，这是设计指标体系具有控制作用的工作。指标筛选常采用以下三种方法：

（1）经验法。这种方法是依据指标设计者的实际工作经验和评价对象的实际情况，对初步拟定的指标体系进行综合分析，归类合并，去难存易，取主舍次。经验法主要是凭设计者自身的经验而设计的，操作起来简单易行，因此在实际中常常被采用。

（2）理论推演法。理论推演法是依据哲学、教育学、心理学、管理学、社会学、评价学等学科的理论及相关研究成果来研究评价指标是否符合科学性，对评价指标进行筛选、认定。例如，在对学生智力发展水平进行评价时，就要从学生的注意力、想象力、观察力、记忆力、思维能力等方面去衡量，在指标体系中就要包含上述要素。

（3）专家评判法。这种方法是指标设计者将初拟指标设计好后，去征询该领域的专家意见，期望得到专家对指标设计的看法，其方法通常采用个别访问、问卷征询、座谈讨论等方式。可根据不同情况，选择或结合使用。

3. 明确各指标的内涵和外延

在完成上述两个步骤后，设计者应确定教学评价指标，并表述清楚评价的相关要素。对评价要素的范围界定要明确，这样有利于教学评价的实际操作。另外，还必须进一步确定各体育教学模式指标的内涵和外延，用简明的文字、公式、标准表达出来，这也是设计指标体系的重要工作。评价指标的内涵是指该指标评价的是哪些具体的内容，即评价的维度，也可以理解成被评价的本质问题。评价指标项的外延是指该指标所界定的范围。在指标设计时，明确各指标项的外延，可以使体育教学评价工作的定义区域得到明确界定，避免评价范围过宽或过窄。

4. 用初拟评价体系预评试验

在体育教学评价的评价指标体系初步确定以后，就可以实行体育教学评价预评工作，在预评时可以同评价标准体系和权重体系相匹配，选择小范围的评价对象作为试点进行预评，看评价体系操作起来是否可行、指标的效度如何。通过试评后的信息反馈，找出所设计的指标体系存在的实际问题，再对指标体系进行修改，使指标体系结构更为合理、完善。

第二节　高校体育教学评价体系的构建

一、高校体育教学评价体系的构建理念

（一）评价是与教学过程并行的同等重要的过程

评价不是完成某种任务，而是一种持续的过程。评价被用来辅助教育，它是教与学主要的、本质的、综合的一个组成部分，贯穿于教学活动的每一个环节。

（二）评价提供的是强有力的信息、洞察力和指导，旨在促进发展

评价的基本目标是为了教育，并促进学生的表现，而不仅仅是为了检查学生的表现。评价是为学习服务的，其目的在于提高学习效率，是学习的动力和源泉。

（三）评价应体现以人为本的思想，建构个体的发展

评价要关注个体的处境和需要，尊重和体现个体的差异，激发个体的主体精神，以帮助每个个体最大限度地实现自身价值。

二、高校体育教学评价体系的构建

（一）学生体育学习评价体系的建立

1.明确评价标准和内容

评价工作的第一步是明确对学生体育学习的评价内容和评价标准。为了便于实际使用，学校对学生体育学习的要求应该用清楚、简练、可测量的目标术语表述出来。《指导纲要》强调改变体育课程过于注重知识传授的倾向，强调形成积极主动的学习态度，使获得基础知识和基本技能的过程同时成为学会学习和形成正确价值观的过程。因此，对学生体育学习的评价不仅要关注学生的身心健康、体能状况、体育能力、运动成绩，还要注重发现和发展学生多方面的体育潜能，了解学生体育发展中的需求。

（1）体育学习评价标准。

①体育学习评价由单一评价标准向多元化评价标准转变。社会的发展不仅要求学生具有强健的体魄和一定水平的运动技能，还要求学生具有健康的心理和良好的社会适应力，而这一要求是传统的一元化体育学习评价标准所不能满足的。因此，体育学习评价标准必然要走向多元化。体育学习评价标准的多元化不但在很大程度上能提高评价结果的信度和效度，而且能最大限度地发挥评价的激励功能。依据体育课程教学指导纲要的要求，可将体育学习成绩评定标准分为绝对性标准、相对性标准、个体内差标准。

②体育学习评价允许体育教师根据教学实际制定相应的评价标准。由于不同性别、年龄以及不同地区、学校学生的体能和运动技能存在着诸多差异，即便是同一地区、同一学校、同一年龄和性别的学生，在不同时期的体

能和运动技能水平也会有所不同。如果简单地用统一的、一成不变的评价标准来要求所有的学生，显然是不公平的，也是不合理的。因此，在体育教学活动中，体育教师不能局限于使用统一的、一成不变的评价标准，要在尊重学生个体差异的基础上，选择合适的评价标准，从多种角度去评价学生，以便发现学生的优点和长处，让每个学生都能在自尊、自信中快乐地学习体育。

由体育教师根据体育教学的实际情况选择评价内容，制定相应的评价标准。这不仅有利于使体育教师对学生的评价更客观、更全面、更准确，提高体育教学质量，还有利于发挥体育教师的主人翁精神，激发其参与体育教学改革的主动性和积极性，使体育教学改革更灵活、更彻底地得到落实。

（2）体育学习评价内容。

①体育基础理论知识评定。体育基础理论知识是指导学生科学地进行体育锻炼、学习体育文化、提高体育文化素养不可缺少的教学内容。

②体能和运动技能评定。发展体能既是体育课程重要的学习内容之一，也是体育课程的重要目标。依据我国高校体育要贯彻“健康第一”的指导思想，并考虑到目前我国大学生的健康现状，将体能作为学生体育学习成绩的评定内容是十分有必要的。运动技能是指按一定的技术要求完成动作能力，项目设置应给学生留有选择余地。目的是鼓励学生个性发展，培养体育锻炼习惯，掌握体育运动技能，成绩评定依据事先制定的体能和运动技能考核内容和评分标准。

③体能和运动技能进步情况。体能和运动技能进步情况是指学生原有身体素质、运动技能与现场评测的身体素质、运动技能相比较而得出的变化情况。原有身体素质和运动技能为上学期或初学期所测得的成绩，我们称之为原始成绩。现场测身体素质和运动技能则为经过一学期或一学年的学习与锻炼所测得的当前成绩，原始成绩与现测成绩项目应一致。很显然，体能和技能进步情况是动态指标，它既能充分体现不同身体素质和运动技能的学生起点不一样，承认学生个体差异，又能避免身体条件好的学生因受本年级最高成绩值的限制，不用学习锻炼就可取得优秀；身体条件差的学生无论多么努力都无法达到及格的弊端。

④学习态度评定。从终身体育的角度来看，高校体育课程的重要目标就是要树立学生对体育和健康的正确认识，使学生树立正确的体育与健康态度。所以，学生对待体育课程学习与练习的态度应是体育学习评价的重要内容。

⑤情意表现与合作精神评定。情意表现与合作精神是指学生参加体育课程学习与锻炼过程中产生的态度和合作状况，提高学生的心理健康和社会适应水平是高校体育课程的重要目标之一。

2.设计评价工具和方法

（1）体育基础理论知识评价方法。对学生体育基础理论知识的评价可采取口试、笔试、知识竞赛等形式进行，根据考核成绩换算成学生体育学习体育基础理论知识得分。

（2）体能和运动技能评价表。①体能评价。为了简化考试程序和工作量，学生体能测试和评分可结合学校每年实施的“学生体质健康标准”来进行，并参考学生体质健康标准身体素质得分，将其换算成学生体育学习体能得分。②运动技能评价表。依据考核运动技能项目的性质和特点选择考核内容，采取定量或定性的方法制定相应的成绩评价表。

（3）体能和运动技能进步情况评价方法和评价表。首先，根据学生体能和运动技能原始成绩和现测成绩，以现测成绩减去原始成绩之差为进步分；其次，以进步分对照编制的体能和运动技能进步幅度评价表，进行体能和运动技能进步情况的成绩评定。

（4）学习态度评价办法和评价表。首先，可采用等级制对学生进行学习态度评定。为了更好地激发学生体育学习的积极性，从而改进自己的学习，应尽可能收集学生在体育学习过程中的发展变化、进步资料。采取“自评—组评—师评”相结合的形式，其中学生自评占20%，小组评议占30%，教师评定占50%，对学生进行评语式评定。目的是让学生成为评价的主人，并将评价过程转换成学生自我教育过程，促进学生自我能力的提高，也为每个学生提供自主学习和创造更多的锻炼机会。同时，摆脱了传统考核评价时教师“一锤定音”的束缚，减轻了学生心理压力。其次，编制学生学习态度评价表，评价时把评价表发给学生，第一步由学生完成自评和组评部分，最后由教师完成师评和学年总评部分。

3.收集和分析反映体育学习情况的数据和证据

（1）收集反映学生体育学习情况的数据和证据。采用不同的评价和测量方法，可以收集不同类型的数据和证据。常用的方法如下：标准化考试，标准参照测验，以成绩为基础的评价，学生工作样例，对学生表现的观察、调查和访谈等。

（2）分析反映学生体育学习情况的数据和证据。教师需要对收集到的数据和证据进行分析，形成一个对学生体育学习情况的分析结果，客观地描述学生当前的学习情况。在分析中要注意以下问题：第一，应对小组内收集到的数据进行分析；第二，应对来自各种测评手段的数据进行综合性分析，以全面描述学生的发展状况；第三，如果有纵向的数据，则应包括纵向分析；第四，如果可以获得其他组的对比数据，则应通过横向比较来分析学生的发展情况。

（二）体育教师课堂教学评价体系的建立

1.明确评价标准和内容

（1）体育教师教学评价标准。

①“中评不中用”的课不是好课。传统上，对一堂体育课的评价首先是看教学目标是否明确、内容安排是否合理、教学组织是否严密、声音是否洪亮有力、哨音吹得是否富有节奏感、讲解是否清楚、动作示范是否准确，这样的课实际上是为迎合评委的口味而精心设计的。学生学到什么并不重要，重要的是体育教师的表现能力。这种现象在优质课的评比中比较常见，并带来了不小的负面效应，因为这样的课堂其目的是获优、评奖，并不是围绕学生的学习来开展。

②“教师唱主角”的课不是好课。平时的体育课上，特别是在体育公开课上，教师为充分显示自己的教学能力和教学技巧，往往充当“主角”，学生仅是“配角”。然而，教学的目的是学生的发展，而不是满足教师的表现欲望。因此，根据现代教育教学的理念，即使体育教师在一堂课中表演得再充分、再出色，这堂课也不能称之为好课。

③“只达到体能和运动技能目标”的课不是好课。在传统的体育课教学中，教师十分关注学生的体能和运动技能目标是否达成，且这一目标似乎成了体育课的唯一目标。体育课程的教学追求的是对学生的完整教育，而不仅仅是传授运动知识和技能。

④学生主动参与的课是好课。学生是体育教学的主体，教师应努力激发学生对体育学习的兴趣，促使学生积极参与体育活动，让学生充分体验体育学习和体育活动的乐趣，并在愉快的学习中获得进步和发展。总之，只有学生主动参与的课才能算是好课。

⑤促进学生全面发展的课是好课。体育课虽然离不开运动技能的教学，但它不等于技能教学，体育教学目的是促进学生通过学习和活动得到全面的发展，其真正意义不仅仅局限于教给学生某些运动知识和技能，更重要的是培养学生的集体主义情感，培养学生奋发向上的精神，形成乐观开朗的生活态度。好的课堂教学能使学生受益终身，这才是一堂好课的真正价值所在。

（2）体育教师教学评价内容。

①学生喜欢体育课和参与体育活动的程度。在以往的体育教学中，教师大多关注的是自己教学的表演能力，扮演的角色是主角，而很少考虑如何激发学生体育学习的兴趣和积极性，如何促进学生坚持参与体育活动等方面。体育教学的最终目的是促进学生自觉地、主动地参与体育活动，并养成锻炼身体的习惯。只有这样，体育教学的目标才能实现，学生的健康发展才能得到保证。

②体育教师教学道德的评价。体育教师的教学道德主要包括体育教师的价值观、人生观、社会意识、教育观念、师德素养以及对学生的态度等。一个人的行为准则、职业道德受限于世界观、价值观的取向，并最终成为人的行动指南。在对体育教师进行评价时，应把教学道德评价放在首位，以引导体育教师认识到教师不仅是传道、授业、解惑者，还是具有道德准则的人。

③体育教师教学理解能力的评价。体育教师的理解能力主要是指体育教师的专业基础知识以及对体育课程目标、内容的认识与理解。因此，对体育教师的评价应看他在课程设计、教学方案和计划的制订、教学内容的选取、教学评价等方面是否充分体现“健康第一”的指导思想，是否在教学过程中贯彻、落实这一指导思想，是否促进了学生身心的健康发展。

④体育教师教学实践能力的评价。体育教师教学实践能力主要包括以下三个方面：一是体育教师对于现代教育理论、教育方法的掌握以及实际运用的情况；二是掌握从事体育教学所需的基本技能的情况，如教学设计、讲解、示范、观察、组织教学和评价等能力；三是创造性教学的能力，如运用现代化的教育技术的能力、开发和运用体育课程资源的能力等，它主要体现在“教学生学会体育”和“教学生会学体育”两个方面。在信息化社会背景下，“教学生学会体育”已无法适应社会的发展需求，“教学生会学体育”才是体育教学的终极目标。所以，体育教师能力评价应突出“教会学生终身体育学习”的能力。

2. 收集和分析反映体育教师教学的数据和证据

在对体育教师的优势和不足的基本情况有了解的基础上，利用体育课堂教学质量评价表收集与体育教师教学有关的数据和证据非常重要。收集和分析体育教学数据的目的是找出体育教师的优势和不足，并确定体育教师如何能最有效地利用其优势，并在进一步的改进计划中改善其不足，用清楚、简练、可测量的目标术语来描述体育教师需要改进的要点，确定改进的指标，描述评价体育教师达到改进目标的具体方法。

第三节　基于有效教学理论的高校体育教学策略

一、有效体育教学评价的指导思想

（一）关注学生的发展

课堂是学生在学校学习知识的地方，课堂教学的构成部分是教师和学生，在课堂教学过程中，教师必须关注学生的上课状态。

在传统的体育教学活动中，教师站的角度往往比学生要高，教师扮演着知识的绝对权威者。因此，教师的绝对权威造成了教学活动中教师与学生的不民主性，对学生的学习产生了消极的作用，阻碍了学生的发展。即使教师的初衷是好的，但在这样的教学气氛下，往往会适得其反，达不到预期效果。在体育教学活动中，学生是教学的主体，要想使教学取得良好的教学效果，教师必须充分调动学生的积极性，使学生积极主动地参与教学活动。教师要关注学生的发展，尤其是关注学生的心理变化，关注学生的成长体验，注重培养学生的体育核心素养。教师在教学活动中应多给学生创造各种机会，调动学生在课堂上学习的积极性，激发学生学习体育的兴趣，锻炼学生用体育进行交流的能力。

当学生在体育学习过程中出现错误的时候，教师不应该急着去责怪学生，而是应该帮助学生找出问题所在，帮助学生深入理解体育知识。当学生积极主动发言的时候，无论观点是否合理，教师都不要去阻止学生的发言，而是要鼓励学生多发言，并对学生予以适时指导。这样教师才能及时了解学生的心声，调动学生自主学习和探究体育知识的积极性，才能不断提升学生的体育核心素养，使学生不断发展和进步。

（二）关注教师的发展

在体育教学中，教学评价管理方式必须将制度和人本管理相结合，保证教师的发展，使教师的教学能力得到提高。学校教育的发展离不开人，人是构成学校最小的个体，主要包括教师和学生，衡量学校教育的好与差，其最终的衡量准则是看学生的发展，学生是学校的主体，如果学校教育偏离了学生的发展，学校的教育就不再有意义。在学校教育中，教师是学生的帮助者、指导者和引导者，因此教师的发展直接影响着学生的发展。在体育教学评价中，学校应该重视教师的发展，促进教师的专业发展，提高教师的教学质量，鼓励教师在教学中发挥创造性思维。

促进教师的发展，就是要使教师积极研究教育教学，成为一名真正的教育研究者，这不仅是体育教学的需要，也是教师不断满足自我发展的需要。因此，学校应该采取多种措施来帮助教师自觉地投入体育教学的研究中，通过不断的研究和教学经验的积累，使教师能更好地掌握真实有效的教学方法，真正提高教师的教学能力。在这个过程中，教师能吸收到更多的新课程改革理念和他人先进的成果，从而改进自己的教学方法，提高教学的质量。

在体育教学评价中，促进教师发展的方法如下：第一，学校要经常组织教师进行培训，提高教师的学习意识，使教师树立起先进的教学观念，恰当选用教学方法。在教学中，学校要经常开展公开课、优质课等教学活动，鼓励教师积极参与这样的教学活动，以此为基础建立起一支具有专业素质的体育教研队伍。通过体育培训活动促进教师的专业发展，提高教师的体育教学能力。第二，学校可将教师的教研列入年终考核表，及时对取得教研成果的教师给予额外的奖励，鼓励更多的教师参加教研活动。第三，教师要培养自学意识，不断提高自己。随着科技的迅速发展，知识的更新日新月异，每天都有新知识产生，因此教师应该与时俱进，努力学习，养成良好的自我学习习惯，这对自身知识的不断更新有着重要的意义。在体育教学评价中关注教师的发展，是促进学校和教师可持续发展的关键，具有重要的现实意义。

（三）关注师生间的平等互动

在传统的体育教学中，教师占有主体地位，学生处于被动听讲的地位，师生间缺少交流与互动。教师处于教学活动的中心地位，教学是围绕着教师来进行的，忽略了学生的主体性。学生在体育教学中缺乏交流的机会，在教学活动中没有发言权，在教学中只能被动接受。所以，在传统的体育教学中，体现的是一种不平等的师生关系，即教师的“教”与学生的“学”的关系。传统的体育教学过程主要重视教师在教学中的“教”，但忽视了学生在教学中的“学”，只注重对体育知识的传授，而忽视了学生在情感等方面的变化。教师在体育课堂上往往把自己当成绝对的权威，完全按着自己的思想来进行教学活动，学生也已经习惯了被动听讲，缺乏对体育知识主动探究的积极性。对于教师在教学中讲授的体育知识，学生很少持质疑态度，所以不利于学生创新能力和核心素养的培养。教师在设计教学活动时，往往只考虑教师的教学内容、教学方法等，只考虑怎么“教”，却不考虑学生怎么“学”，师生间缺乏平等的互动。

课堂上，教师希望自己的教学活动能够顺利实施，希望学生能在问答环节回答出正确的答案，教师在教学活动中的主要任务是帮助、指导和引导学生学习，加深学生的学习程度。在这样的和谐环境下，学生能更好地完成自己的学习任务，提高自己的体育学习水平。

那么在体育教学中，教师应该怎样做，才能构建师生间的平等互动关系呢？师生间的互动主要是通过“对话”来完成的，所以只要把握好师生间的“对话”，就能达到真正的平等互动。在体育教学中，教师可以从以下几个方面来实现师生间的平等互动：第一，平等对话。课堂教学中不是由教师口头向学生传授知识，不是一方给另一方进行强行灌输，这样也就不会真正形成教师与学生之间的“对话”，偏离了“对话”本身的含义。教师应采用恰当的教学方法，调动学生参与体育教学活动的积极性，使学生积极主动地学习体育知识，提高体育的学习效率。第二，互相信任。在体育课堂教学中，师生间的互相信任是“对话”的先决条件。离开了信任，这样的“对话”就不再平等公正。因此，在体育课堂教学中，师生间应该相互信任，为达到民主平的互动打下良好的基础。第三，鼓励学生发言。在体育教学活动中，师生间进行对话时，教师应该适当地给予学生鼓励，促使学生积极发言，激发学生的体育学习兴趣，促进师生间的民主平等对话。第四，互相尊重。在教师与学生的对话与交流中，教师不能以傲慢的态度与学生交流，教师要充分尊重学生，学生也要尊重教师。只有师生互相尊重，才能实现师生间的平等互动。

（四）关注教学过程

以往体育的教学评价主要是针对结果，而忽视了对教学过程的评价。教师在教学评价中要关注教学的过程，重视其过程性。通过对体育教学过程进行评价，可以在一定的程度上激发学生的体育兴趣与学习动机，发现体育教学过程中存在的不足，及时探究解决问题的方法，不断积累体育的教学方法，提高体育的教学效率和学生的体育素养。

（五）注重教学评价主体和方式的多元化

1.评价主体的多元化

评价主体多元化指的是要改变以往体育教学评价主体的单一性，让教师、学生、家长共同参与体育教学评价，使教师评价、学生自评与互评、家长评价等多种评价主体相结合。不同的评价主体，有不同的评价方案，评价的方式也会多种多样。通过综合各个评价方式，有助于从多方面来评判和了解体育的各方面教学情况，了解学生在课堂上的学习情况和教师的教学效果。以前只有教师才有权利去参与课堂教学评价，学生没有评价的权利，只能被评价。学生应该积极参与体育教学评价，进行自我评价与互评，更多地了解自己身上存在的不足，并不断改进，逐步提高体育学习能力和水平。通过学生之间的相互评价，了解自身与他人之间的差距，吸取别人成功的经验，有助于促进学生互相学习，共同进步。评价主体的多元化，有助于保证体育教学评价的全面性和准确性，有助于充分发挥教学评价的鉴定和诊断功能，促使教师不断改进教学方法，提高教学效率。

那么在体育教学中，具体应该如何实现教学评价主体的多元化呢？可以从以下几个方面着手：第一，自我评价。学生自我评价是学生自我能力发展的重要组成部分。在教学评价中，可以采取表格式的自我评价，让学生自己对本节课知识点掌握的情况做出自我评价。这样，有助于教师及时了解学生的学习情况，及时调整教学内容和方式，提高教学质量。第二，学生互评。学生互评也称为合作评价，指学生以小组的形式，对体育的原理、设计、操作等方面互相进行评价，以此找出学生在体育学习中存在的不足。通过学生互评，学生能看到各自的差异，且小组成员之间还可以相互监督、相互学习，共同进步。第三，家长评价。家长作为学生的第一监护人，有权利及时了解自己孩子的学习情况。家长通过了解体育教学活动的各个环节，可以以表格、书面语言或口头语言对这一教学活动进行评价，并对自己的孩子做出合理的评价。家长与学校共同对学生进行科学监督，有助于促进学生的健康成长。第四，学校领导评价。学校领导作为学校的最高管理者，有权了解体育的教学情况，学校领导可以深入体育教学活动中，观察教学情况，以书面语或口头语的方式对教学做出合理的评价，促进教师与学生的共同进步。

2. 评价方式的多样化

传统教学评价的目的是了解教学结果，了解学生的考试分数，而不是了解学生的学习过程，忽视了学生学习过程的重要性。通过结果性评价和过程性评价相结合，教师不断改进教学中的不足，提高学生对体育的兴趣，提高教师的教学质量，促进教师与学生的共同发展。教师在进行教学评价时，要丰富评价的范围，创新教学评价的方式，结合学生的特点，构建科学的体育教学评价体系，更好地发挥体育教学评价的作用。

那么如何实现教学评价的多样化呢？教学评价方式的多样化包括许多内容，例如，与学生谈话、平时单元测试、成长档案袋等都能评价学生的学习情况。教师可以通过以下两方面实现教学评价的多样化：第一，日常评价。日常评价方式主要是对学生在体育学习的过程中各方面表现的评价。这样的方式不仅仅是通过平时的单元测试来评价学生的学习情况，还通过学生日常学习过程中的点点滴滴来评价学生的学习进展情况，有利于促进学生的体育能力的持续发展和提高。第二，口头评价。在教学过程中，语言是教师与学生进行沟通与交流的工具，对于学生在教学过程中的表现，教师可以及时作出口头评价。这种评价方式能保证教学评价的及时性，对教学有良好的促进作用。通过多样化的教学评价评价，有利于教师认识到教学中存在问题，及时改进教学方法，同时也有利于学生发现自己在体育学习中存在的不足，起到查漏补缺的作用，促进师生的共同进步和发展。

二、高校体育教学评价有效性的提升

（一）高校体育教学评价有效性的提升策略

1. 过程性评价和终结性评价相结合

传统的体育教学评价比较注重终结性评价，即每学年或学期结束后，对学生进行一次综合评价。终结性评价虽可作为对上一阶段工作的总结和对下一阶段进行工作安排的依据，但由于其阶段性、一次性的特点，对于提高学生学习效果和帮助教师改进教学的意义不大。过程性评价是教学过程中对学生的学习情况进行的评价，它能帮助教师及时了解教和学的情况，不断改进教学，同时使学生及时获悉自己在体育知识、技术、技能和其他方面所获得的进步，调动其学习的主观能动性，增强了教学双方的信息交流和反馈。过程性评价将学生的进步幅度纳入评价体系，可以使整个评价更加客观，更符合体育的特点和体育教学的实际。因此，我们应改变单纯采用终结性评价的方式，将过程性评价和终结性评价相结合。

2. 定性评价与定量评价相结合

在体育教学评价中，定量评价占据了主要地位，这有助于准确评价学生所完成的运动负荷、掌握动作的数量、完成动作的质量及素质达标等级等。但是，体育教学有其自身的特殊性，存在着大量的人文因素，其中学习态度、习惯形成、意志品质、自信和自尊、合作意识等很难用量化指标来评价，如忽视这些“质性”评价指标评价就是不全面的。因此，必须把定量评价与定性评价结合起来，采用观察、面谈、调查、对比等方法，多方面、多渠道收集信息，综合评价学生的情感态度、价值观，以及其知识技能、创新意识和实践能力，从而达到认清评价对象本质特征的目的。

3. 教师评价与学生评价相结合

一方面，教师长期工作在教学第一线，对教学活动的情况最为了解，对学生的进步情况也较为清楚，所以体育教学评价离不开任课教师的评价，教师的评价具有全面性客观性和权威性。教师客观准确、适度的评价可唤起学生对体育学习的积极性，激发其学习兴趣，可使学生清楚地看到自己的不足。然而，由于教师自身素质能力不同，以及内外环境的干扰，容易降低评价的客观性。另一方面，学生是教学目标的实践者，只有亲身体验的内容，才能正确地评价它，特别是那些无法定量描述的内容，包括情感、意志态度兴趣等。学生评价包括学生自我评价和学生相互评价。学生自我评价是培养学生自我认识和自我教育的重要途径，学生通过自我评价开发自身的潜能、提高自身素质，能增强其评价能力，有助于克服面对评价结果时的心理障碍。学生相互评价不仅能培养学生的交际能力，还能在互评过程中增加其对技术动作的注意力，加深对体育知识的理解。

为使教师评价与学生评价有效地结合，教师要加强业务学习，深入了解学生，分析不同学生的心理特点和个性特征，提高评价的应变能力。为使学生更好地实现自我评价，要求学生端正评价态度，结合教师的教学目标制定自己的学习目标，以此作为自我评价目标。这样才能增强评价的客观性和有效性。

4.反思性评价与鼓励性评价相结合

在学生进行的主体性评价过程中，教师要引导学生主动开展反观、反思与反省活动。具体而言，可以通过对体育知识的回顾，对作业、练习与检测的剖析等方法，自主找到体育学习中存在的问题与差距。对体育知识的回顾是指教师教授完一节课后，学生脱离课本，在头脑中对本课的教学目标、重难点知识、体育学习方法以及要树立的体育观念进行回顾。在回顾时反思自己是否已经掌握了本课所学知识，存在哪些问题。找出问题后，通过自己思考或者向教师寻求帮助，解决问题，深化对体育知识的理解。

同时，教师在进行教学评价时，要善于鼓励学生，培养学生学习体育的自信心和兴趣。教师要善于发现学生在体育学习中的优异表现，鼓励他们的点滴进步，让他们看到自己的内在潜力与发展方向。对于成绩一般但进步很快的学生，教师不能吝惜表扬。教师还可以通过组织学习成果报告会，将优秀学生成果分享给全体学生，使学生产生愉悦感与成就感，不断激励自己攀登新的学习高峰。

5.科学安排，形成灵活多样的评价体系

由于发展水平的差异，学生对体育的需要也不尽相同，要真正发挥评价的激励功能，就要实施多样化评价。评价的最终目的是提高教学质量，更好地促进学生身心全面发展。因此，不同的教学对象要有不同的教学目标，不同的评价目的要有不同的评价方法，要具体情况具体对待，实施个性化评价，运用评价结果来激励学生，充分调动不同层次学生的积极性，以顺应学校体育终身化的客观要求。

（二）高校体育教学评价有效性提升的注意事项

1.评价目标与教学目标相一致

普通体育课程强调提高学生的体育素养，促进学生的全面发展。要实现这一教学目标，就要在体育教学中重视培养学生的体育学习兴趣，引导学生自主学习，感受自主学习的乐趣。在进行教学评价时，教师应依据上述教学目标，采取恰当的评价方法，对体育教学效果进行客观评价，不断提高学生的体育核心素养。

2.评价多元化

（1）评价主体多元化。传统的体育教学评价都是以教师评价为主，作为教学活动主体的学生却被剥夺了评价的权利。在体育教学评价中，教师应该注意评价主体的多元化，采用多种评价主体相结合的评价方式，使教学评价能够全面地评判体育教学活动，找出教学中存在的不足，为体育教学实践提供参考，不断提高体育教学的效果。

（2）评价内容多元化。传统的体育教学评价都是测评学生对体育知识的掌握情况，忽视了学生学习体育的技能、过程、方法与情感。教师应对学生体育的综合学习情况进行评价，如学生的方法、与他人合作交流的能力、应用体育的能力等内容都可以列入体育教学评价的范围。

（3）评价方式多元化。传统的体育教学评价方式大都采用测试的形式，这种评价方法形式单一，甄别和选拔功能有余，激励和教育功能不足，抹杀了学生的个性。因此，教师要坚持多元化的教学评价方式，坚持定量评价与定性评价相结合、过程性评价与终结性评价相结合、反思性评价与鼓励性评价相结合的原则。其中过程性评价强调学生的过程，如学生的学习态度、课堂表现、作业情况等；终结性评价只是强调评价的结果，一般有期中考试、期末考试等。教师必须认真对待教学活动中每一个环节的评价，努力发挥其对体育教学的促进作用。

3.评价要客观有效

体育教师要树立以学生为本的教育观念，引导学生立足文本，鼓励学生勇于表达自己的看法与见解。由于学生之间存在个体差异，思考方式也不同，因此教师应该允许学生的观点存在差异，保证体育教学评价的客观性和有效性。只要学生的见解符合情理，教师都要给予尊重与鼓励，培养学生独立思考的习惯。这样的教学评价既激发了学生的创造性思维，又提高了学生学习体育知识的热情。

参考文献

[1] 戴信言 . 高校体育教学多种模式的探索 [M]. 北京：中国原子能出版社，2016.
[2] 孔云 . 经典教学理论与课堂教学应用 [M]. 北京：海洋出版社，2018.
[3] 谭清国，朱蓉 . 有效体育教学及其质量监控体系研究 [M]. 成都：电子科技大学出版社，2018.
[4] 安基华，李博士 . 体育教学理论与实证研究 [M]. 长春：吉林人民出版社，2019.
[5] 马腾，孔凌鹤 . 现代体育教学改革与信息化发展研究 [M]. 北京：中国商业出版社，2018.
[6] 王云峰，王学成 . 教学改革视角下体育运动开展的理论与实践指导 [M]. 北京：中国商务出版社，2018.
[7] 董大志，周余，陈维富 . 现代体育教学管理探索与课程实务研究 [M]. 北京：中国书籍出版社，2016.
[8] 王丹 . 体育教学的理论与实践探索 [M]. 北京：北京理工大学出版社，2019.
[9] 马尚奎，李俊勇 . 体育教学导论 [M]. 长春：吉林人民出版社，2016.
[10] 田晓红，骆文 . 大学有效教学的内涵及特征研究 [J]. 才智，2017（13）：162–163.
[11] 张天宏 .“健康中国”视域下学校体育健康促进的内涵与价值、责任及策略 [J]. 武术研究，2020，5（11）：124–126.
[12] 段霖瑶 . 大数据时代有效教学的实践路径 [J]. 教学与管理，2019（15）：8–10.
[13] 孙新，荣爱军 . 教学“新模式”引领优质课堂 [J]. 考试，2015（35）：74.

[14] 刘娜 . 有效教学理论在高校体育教学中的应用探讨 [J]. 陕西教育（高教），2018（1）：21–22.
[15] 王景利 . 关于有效教学的几点思考 [J]. 金融理论与教学，2014（4）：81–84.
[16] 张典兵 . 高校有效教学的本质内涵与实践路向 [J]. 继续教育研究，2014（6）：138–140.
[17] 龙宝新，陈晓端 . 有效教学的概念重构和理论思考 [J]. 湖南师范大学教育科学学报，2005（4）：39–43.
[18] 任苏民 . 新时代有效教学研究的理论构建——兼论叶圣陶教育思想在新时代的借鉴与发展 [J]. 中国教育科学（中英文），2020，3（1）：55–65.
[19] 明君，王志博，张彦秋 . 有效体育教学模式的创新与实施研究 [J]. 科技资讯，2018，16（15）：202，204.
[20] 梁静 . 论有效体育教学模式的创建与实施 [J]. 现代商贸工业，2016，37（27）：168.
[21] 李俊峰 . 日本快乐体育研究 [J]. 体育文化导刊，2014（5）：145–148.
[22] 李岩 . 快乐体育教学法在高校体育教学中的应用研究 [J]. 当代体育科技，2019，9（35）：101，103.
[23] 孙加利 . 基于快乐体育教学需求的高校体育教学模式初探 [J]. 当代体育科技，2017，7（32）：98，100.
[24] 关超 . 高校体育课程俱乐部式教学探究 [J]. 当代体育科技，2017，7（29）：77，79.
[25] 李尚胥 ."快乐体育"教学模式在高校足球教学中的应用性研究 [J]. 运动，2016（4）：71–72.
[26] 盖安俊 . 关于"互联网 +"视角下高校"体育俱乐部"教学模式的探讨 [J]. 当代体育科技，2020，10（30）：160–161，164.
[27] 丁文 . 大学体育教学改革中体育俱乐部发展的策略探析 [J]. 科技资讯，2020，18（27）：134–136.
[28] 袁炜煜，赵志鹏 . 微课程在高校体育教学中的应用研究 [J]. 西部素质教育，2019，5（5）：140.

[29] 李国璋 . 新媒体时代大学体育教学的创新策略研究 [J]. 中国多媒体与网络教学学报（上旬刊），2020（6）：48–49.
[30] 宋永红 . 论新媒体在高职院校体育教学中的运用 [J]. 中国报业，2019（8）：86–87.
[31] 刘晶 . 新媒体发展对高校体育教学改革的影响 [J]. 陕西教育（高教），2019（3）：44–45.
[32] 王宁 . 网络技术在高校体育教学中的应用发展研究 [D]. 牡丹江：牡丹江师范学院，2014.
[33] 姜劲松 . 高中田径有效教学的几点实践和提示 [J]. 田径，2020（12）：6–7.
[34] 林燕芳，王占军 . 大学教师实现“卓越教学”的动力机制探寻——基于期望价值理论的视角 [J]. 山东高等教育，2019，7（5）：63–69.
[35] 顾明远 . 再论教育本质和教育价值观——纪念改革开放 40 周年 [J]. 教育研究，2018，39（5）：4–8.
[36] 朱惠娟，李源 . 影响体育教学有效性的人为因素分析 [J]. 青少年体育，2014（5）：70，32.
[37] 徐林中 . 影响大学体育教学有效性的因素探究 [J]. 才智，2013（27）：34–35.
[38] 刘晨，贾新会 . 影响体育教学有效性的因素 [J]. 学习月刊，2013（16）：61.
[39] 贾锦山 . 体育教育专业田径专修课教学内容改革研究 [J]. 当代体育科技，2015，5（36）：82–83.
[40] 刘明 . 校内外体育课程资源开发探析 [J]. 当代体育科技，2018，8（18）：47–48.
[41] 彭青军 . 论高校体育课程资源的开发与利用 [J]. 当代体育科技，2017，7（13）：156–157.
[42] 周洪宇 . 以科学的教育评价推动新时代教育学发展 [J]. 中国教育学刊，2020（12）：1–2.
[43] 谢鑫 . 教学过程最优化理论的有效教学意蕴 [J]. 教学研究，2018，41（1）：49–54.
[44] 何晓春 . 有效体育教学：内涵与路径 [J]. 现代阅读（教育版），2013（1）：

237.
[45] 刘娜 . 有效教学理论在高校体育教学中的应用探讨 [J]. 陕西教育（高教），2018（1）：21–22.
[46] 张红萍 . 体育有效教学的内涵理解与评价主题 [J]. 湖北体育科技，2013，32（3）：253–254.
[47] 陈志超 . 新时代大学生自我教育的理论溯源、现实意义与路径选择 [J]. 思想教育研究，2020（7）：156–159.
[48] 邓华荣 . 论新课程改革条件下的体育教师素质 [J]. 体育科技文献通报，2020，28（2）：78–80.
[49] 王勇 . 高校体育教学的有效教学策略研究 [J]. 才智，2016（14）：87–88.
[50] 傅超 . 人文理念对高校教学渗透的深远意义 [J]. 商业文化，2014（32）：208.
[51] 胡海波 . 影响高校体育教研的有效因素分析及对策探讨 [J]. 科教文汇（中旬刊），2020（12）：128–129.
[52] 夏君玫，余玲，周小翔，等 . 高校体育课堂教学评价的研究现状 [J]. 当代体育科技，2020，10（19）：86–87，90.
[53] 孙治国 . 基于评价模型的高校体育教学有效性研究 [J]. 内江科技，2020，41（3）：88，82.
[54] 周遵琴 . 有效教学理论在高校体育教学中的应用 [J]. 内江科技，2020，41（1）：51–52.
[55] 李凯 ."立德树人"视角下高校体育教学中渗透思想政治教育的有效途径研究 [J]. 体育世界（学术版），2019（11）：115–116.
[56] 刘垚 . 高校体育教学中多样化教学方法的有效实施 [J]. 体育世界（学术版），2019（2）：132，127.
[57] 王锋，林国平，答英娟，等 . 高校体育课程中教学资源开发的研究 [J]. 科技资讯，2018，16（34）：165–166.
[58] 罗君波，郭振华 . 高校体育教师有效教学行为研究 [J]. 武术研究，2017，2（6）：128–131.
[59] 李莉 . 体育教学有效性分析 [J]. 科技资讯，2016，14（21）：80–81，83.

[60] 吕丽 . 论快乐体育理念在高校健美操教学中的有效融入 [J]. 运动，2016（14）：80，119.

[61] 任素伟 . 普通高校体育有效教学影响因素探析 [J]. 运动，2016（13）：49–50.

[62] 韩玉婷，孙晨 . 新媒体环境下高校体育场馆的展示空间设计 [J]. 设计，2016（5）：150–151.

[63] 马福兴 . 高校体育教学的课程资源开发与利用分析 [J]. 佳木斯职业学院学报，2015（10）：401–402.

[64] 张泳华 . 浅谈教师在高校体育有效性教学中的主导作用 [J]. 当代体育科技，2015，5（1）：132–133.

[65] 郭晓东 . 论高校体育教学环境的设计与优化 [J]. 吉林省教育学院学报（上旬），2012，28（8）：91–92.

[66] 钟利 . 试论高校体育教师的素质与体育课程的有效性教学 [J]. 重庆文理学院学报（自然科学版），2008（1）：93–96.

[67] 陈佳，郑归 . 湖南省高职院校课堂的教学反思 [J]. 湖北农机化，2020（16）：83–84.

[68] 刘占鲁，冯嘉诚，龚建林 . 基于 OBE 理念的“大体育”教学体系研究 [J]. 广州体育学院学报，2020，40（3）：122–125.

[69] 孙毅 . 新媒体在现代学校体育中的运用研究 [D]. 济南：山东师范大学，2016.